Auserlesene Heilschnäpse, -weine und -liköre

REGIONALIA

Auserlesene
Heilschnäpse,
-weine und -liköre

REGIONALIA

Dieses Buch wurde nach dem aktuellen Wissensstand sorgfältig erarbeitet. Dennoch erfolgen alle Angaben ohne Gewähr. Der Verlag haftet nicht für eventuelle Nachteile oder Schäden, die aus der Umsetzung der im Buch angegebenen praktischen Hinweise resultieren. Die enthaltenen Ratschläge ersetzen nicht die Untersuchung und Betreuung durch einen Arzt. Vor Durchführung einer Selbstbehandlung sollte stets ein Arzt konsultiert werden, insbesondere wenn sie an gesundheitlichen Beschwerden leiden, regelmäßig Medikamente einnehmen oder schwanger sind.

Die in diesem Buch enthaltenen Anleitungen zur Herstellung von Schnäpsen, Weinen und Likören sind nur für den privaten Gebrauch bestimmt. Bitte beachten Sie, das es für die Herstellung von Spirituosen gesetzliche Bestimmungen gibt, die eingehalten werden müssen. Für eventuelle Verstöße in dieser Richtung übernimmt der Verlag keine Verantwortung.

Impressum

Auserlesene Heilschnäpse, -weine und -liköre

22. Auflage 2023

Alle Rechte vorbehalten

Regionalia Verlag,
ein Imprint der Kraterleuchten GmbH
Gartenstraße 3, 54550 Daun

Hergestellt in der Europäischen Union, Finidr, CZ

ISBN 978-3-939722-45-8
www.regionalia-verlag.de

Inhalt

Vorwort

Seit altersher nutzen Menschen die Apotheke aus der Natur. Meist waren es weise Frauen, die Kräuter, Wurzeln, Blüten, Früchte und Rinden sammelten, um sie zu Heilzwecken und zur Linderung mannigfaltiger Beschwerden einzusetzen. Diese natürlichen Mittel haben im Zuge des Fortschritts an Bedeutung verloren. Durch die chemische Herstellung von Pillen, Dragees und sonstigen Mitteln war das Wissen um die sanfte Medizin lange Zeit in Vergessenheit geraten. Heute jedoch erleben natürliche Heilmittel eine Renaissance. Denn gerade in unserer schnelllebigen, stressigen Zeit ist es wichtiger denn je, seinem Körper etwas Gutes zu tun. Vorbeugung ist besser als Heilung, und nicht immer ist es zu spät, der Gesundheit „auf die Sprünge" zu helfen.

Ruhepause für Körper und Seele

Bereits das Sammeln von Heilkräutern in der freien Natur verschafft dem Körper und dem Geist eine Ruhepause. Entfliehen Sie dem Alltagsleben und verwöhnen Ihre Sinne, indem Sie sich in Wald und Flur dem „Abenteuer" der Kräutersuche widmen. Allerdings sollten Sie sich beim Sammeln von Wildkräutern schon gut auskennen. Aber auch das Aufziehen einzelner Pflanzen im Garten oder auf dem Balkon macht Freude und verschafft Ihnen die Gewissheit, dass die Pflanzen ohne Düngemittel und schadstofffrei sind. Wenn Sie weder über einen eigenen Garten noch über einen Balkon verfügen und auch nicht selbst sammeln möchten, können Sie alle in diesem Buch beschriebenen Zutaten im Fachhandel oder in der Apotheke (z. B. Wurzeln) erhalten.

Lindernd bei vielen Beschwerden

Mit in Alkohol gelösten Heilkräutersubstanzen lassen sich zahlreiche Beschwerden behandeln. Heilschnäpse, -weine und -liköre steigern zudem das allgemeine Wohlbe-

finden. Und es heißt nicht umsonst: Ein Schnäpschen bewirkt wahre Wunder. Besonders nach einem reichhaltigen, fettigen Essen sind bestimmte Kräuter gut für den Organismus. Heilschnäpse, -weine und -liköre wirken aber nicht nur positiv auf den Magen, sondern helfen auch bei Kopfschmerzen, Erkältungskrankheiten, Herz- und Kreislaufproblemen und vielem anderen. Geben Sie sich und Ihrem Körper die Zeit, die er braucht! Die Heilwirkung der mit Alkohol versetzten Pflanzen setzt zwar oftmals etwas langsamer ein, dafür ist diese aber dauerhafter. Richtig eingesetzt und wohl dosiert, ist die Pflanzenmedizin heilsam und schmeckt überdies oftmals noch sehr gut. Wichtig ist aber, dass Sie sich an die Einnahmeempfehlungen halten. Denn ein Zuviel des Guten kann die Heilwirkung wieder zunichte machen. Auch die Einnahme über einen zu langen Zeitraum ist nicht empfehlenswert. Trinken Sie deshalb von dem gleichen Heiltrank nicht länger als fünf Wochen und pausieren Sie danach mehrere Wochen.

Selbstverständlich gilt es, die Weine und Schnäpse in Maßen zu trinken, denn Alkohol setzt seine Heilwirkung nur wohl dosiert frei, und natürlich ersetzen Sie nicht immer einen Arztbesuch. Aber auf jeden Fall gilt – vorbeugen ist besser als heilen.

Viel Spaß bei der Zubereitung der heilenden Getränke und ein Prost auf Ihre Gesundheit!

Eine kleine Einführung

● Alkohol

Bereits in jungen Jahren machen wir die Erfahrung – zu viel Alkohol bekommt uns nicht. Der „Kater" am nächsten Morgen lässt uns schwören, nie wieder etwas Alkoholisches zu uns zu nehmen. Wie oft wurde dieser Schwur schon gebrochen? Aber haben Sie schon einmal darüber nachgedacht, dass Alkohol auch zu medizinischen Zwecken genutzt wird? Und zwar nicht nur der hundertprozentige Prozent Alkohol, der Desinfektionszwecken dient?

Aber wenden wir uns zunächst der Frage zu, was Alkohol eigentlich ist. Schon unsere Ahnen wurden wohl, unabhängig voneinander, auf diese Substanz aufmerksam. Die Herstellung von Met (Honigwein), Bier und Traubenwein hat eine lange Tradition und reicht in die früheste Menschheitsgeschichte zurück. Bereits in mesopotamischen Keilschrifttafeln finden sich Hinweise auf die Herstellung alkoholischer Getränke.

Alkohol entsteht unter Einfluss von Hefepilzen auf natürliche Weise bei der Vergärung zuckerhaltiger Stoffe. Er verteilt sich im gesamten menschlichen Organismus. Bereits in der Mundschleimhaut werden geringe Mengen aufgenommen, und von dort geht er direkt in das Blut über. Über die Blut-Hirn-Schranke gelangt er schließlich auch in das Gehirn. In der Leber wird der Alkohol teilweise abgebaut.

• Kleine Spirituosen-Kunde

Heute findet man eine große Anzahl von Spirituosen und Weinen in den Einkaufsregalen.

Obstbrand/Obstler: wird aus verschiedenen Früchten, wie beispielsweise Birnen, Äpfeln oder Zwetschgen hergestellt. Dazu zählen z. B.: Kirschwasser, Mirabellen-brand, Calvados und Slivovic.

Brände: aus Wurzeln oder Knollen hergestellt, z. B.: Enzian;
aus Zuckerrohr hergestellt, z. B. Rum.

Wodka: wird aus Getreide (Roggen, Weizen), Kartoffeln oder Melasse gebrannt.

Korn: wird nur aus dem vollen Korn von Weizen, Gerste, Hafer, Roggen oder Buch-weizen hergestellt.

Whisky (oder Whiskey): wird nur aus Getreide (Weizen, Gerste, Roggen oder Mais) gebrannt und reift mindestens drei Jahre lang in Holzfässern.

Likör: wird mit mindestens 100 g Zucker je Liter und aromatischen Zutaten (z. B. Rahm, Milch, Fruchtsaft) hergestellt. Dazu zählen z. B.: Amaretto, Eierlikör und Heidelbeerlikör.

Dazu kommen noch:
Schnäpse aus Wacholder wie Gin, Steinhäger und Genever.
Aus Kümmel werden Aquavit und aus Anis, Ouzo, Sambuca und Raki hergestellt.

Wein: ist ein alkoholisches Getränk, welches nahezu weltweit aus den Früchten der Weinrebe (Traube) hergestellt wird. Die weltweite Weinanbaufläche beträgt etwa 7,9 Millionen Hektar. Bereits die alten Griechen und Römer wussten, dass Wein eine förderliche Wirkung auf die Gesundheit haben kann, sei es als Zusatz oder pur. Ob Rot- oder Weißwein, beide Rebsorten erfreuen sich großer Beliebtheit.

• Kräuter sammeln, ernten und richtig verarbeiten

Oberstes Gebot ist immer besondere Reinlichkeit.
Kräuter wie Brennnesseln, Buchenblätter oder Hagebutten und viele mehr können sie selbst ernten. Minze, Rosmarin, Melisse und Basilikum können Sie selbst als Topfpflanze auf Ihrem Balkon wachsen lassen oder in Ihrem Garten pflanzen.
Bei der Bearbeitung der Kräuter sollten Sie darauf achten, dass Blätter, Blüten oder Wurzeln genügend trocknen und richtig gelagert werden.

Für das Sammeln der Kräuter und Wurzeln in der freien Natur ist eine gewisse Grundkenntnis erforderlich. Achten Sie darauf, dass die Pflanzen abseits von verkehrsreichen Straßen und chemisch gedüngten Feldern stehen und somit wenig verunreinigt sind. Sammeln Sie nur gesunde Pflanzen, die frei von Fäulnisbildung und Ungeziefer sind. Manche Pflanzen stehen unter Naturschutz und dürfen auf gar keinen Fall gepflückt werden. Da es zu Verwechslungen mit giftigen Pflanzen kommen kann, sollten Sie bei geringstem Zweifel auf das Sammeln verzichten.

Auch sollten Sie der Natur mit Vorsicht und Achtung begegnen, da das oberste Gebot deren Schutz ist. Ernten Sie deshalb nie einen Bestand vollständig ab, bei seltenen Kräutern verzichten Sie bitte ganz auf das Sammeln. Schneiden Sie die Pflanzen etwa eine Handbreit vom Boden ab und ernten Sie nicht mehr, als Sie benötigen. Das Sammeln sollte ausschließlich bei schönem, trockenem Wetter erfolgen, denn die Kräuter müssen völlig trocken sein. Auch die Heilkraft der Pflanzen ist an sonnigen Tagen am größten.

Blüten und Blätter dürfen nicht gedrückt werden. Sammeln Sie die Heilkräuter nicht in einer Plastiktüte, denn sie könnten darin schwitzen und würden später beim Trockenvorgang schwarz.

Das Trocknen der Pflanzen, Kräuter und Wurzeln

Nachdem Sie die gewünschten Kräuter gesammelt haben, erfordert das Trocknen der Pflanzen eine besondere Sorgfalt, damit die Güte der Heilkräfte keinen Schaden nimmt. Trocknen Sie das Sammelgut nicht in geheizten Räumen und setzen Sie die Pflanzen nicht direkter Sonnenbestrahlung aus, da sonst ein Teil der heilkräftigen Substanzen verlorengeht.

Breiten Sie die Pflanzen in einem dunklen, gut belüfteten Raum (jede Pflanzenart für sich) auf sauberen Papierlagen (keine Zeitungen) großzügig aus. Die Pflanzen dürfen nicht übereinanderliegen, da sich dadurch möglicherweise Fäulnis bilden kann. Das Wenden der Pflanzen sollte regelmäßig erfolgen.

Wurzeln müssen Sie vor dem Trockenvorgang gründlich reinigen und zerkleinern, da sich das Trocknen sonst zu sehr verzögert. Die Trocknung ist beendet, wenn das Pflanzengut „spröde" ist und sich nicht mehr biegen lässt.

Nach dem Trocknen sollten Sie die Kräuter noch einmal durchsehen und die minderwertigen Teile aussortieren. Anschließend zerkleinern Sie das Pflanzengut und füllen es in Gläsern mit einem Schraubdeckel. Diese Gläser sollten entsprechend mit dem jeweiligen Namen der Käuter und dem Erntejahr etikettiert werden, um Verwechslungen vorzubeugen.

Das Aufbewahren der Heilkräuter

Für eine richtige Aufbewahrung ist ein vollkommen trockenes Sammelgut notwendig. Durch vorhandene Feuchtigkeit können unerwünschte Gärungsvorgänge entstehen. Die Kräuter faulen und werden unbrauchbar.

Durch Lichteinwirkung können sich die Inhaltsstoffe und damit die Heilwirkung verändern. Deshalb sollten die befüllten Gläser an einem dunklen Ort (Schrank) aufbewahrt werden.

Viele Heilpflanzen verlieren bei zu langer Aufbewahrung ihre Wirksamkeit. Deshalb ist es nicht empfehlenswert, große Vorräte anzulegen.

● Tipps und Tricks aus der Gesundheitsküche

Die Flaschen:

Die Flaschen, in die Sie Ihre Ansätze und die fertigen Produkte füllen, sollten immer gründlich gereinigt und gut verschlossen werden. Die Ansätze müssen bei Zimmertemperatur (aber geschützt vor Sonnenstrahlung) heranreifen und regelmäßig geschüttelt werden, das ist wichtig für den Stoffaustausch.

Das Filtern:

Die Ansätze müssen nach der Reifezeit vor dem Abfüllen in die Flaschen gefiltert werden. Dazu verwenden Sie einen Filter und ein feines Haarsieb oder ein grobes Tuch (Moltonwindel). Dazu stellen Sie zuerst den Filter in die Flasche und setzten in den Filter das kleine Sieb oder legen das Tuch darüber. Gießen Sie die Flüssigkeit dann langsam in den Filter.

Die Verarbeitung von Kräutern und Obst:

Bei der Zubereitung von Kräutern und Obst achten Sie bitte darauf, dass die Ware frisch bzw. frei von Druckstellen oder Fäulnisbildung ist. Auch hier gilt – vor Gebrauch gründlich waschen. Die meisten Obstsorten sind im Lebensmittelfachhandel erhältlich. Vielleicht finden Sie aber in Ihrer Nähe eine Möglichkeit, Ihr Obst selbst zu pflücken. Viele Bauern bzw. Plantagenbesitzer erlauben die eigene Ernte.

Verträglichkeit:

Jeder Mensch reagiert anders auf Alkoholgenuss, deshalb sind die Angaben der Einnahmemengen in diesem Buch nur allgemeine Richtwerte. Wie Ihr Organismus auf Alkohol „anspringt", hängt vornehmlich von Ihrer Gesamtkonstitution ab. Ältere Menschen vertragen Alkohol anders als junge Menschen, beleibte anders als dünne Leute und Männer zumeist besser als Frauen. Bedenken

Sie deshalb: Bei der Einnahme von Alkohol ist die Devise „viel hilft viel" nicht richtig. Testen Sie deshalb langsam aus, welche Menge Ihnen gut tut.

Sollten Sie regelmäßig Medikamente einnehmen müssen, lesen Sie vor dem Trinken eines Heilschnapses, -weines oder -liköres zuerst den Medikamentenbeipackzettel. Oftmals ist der Alkoholgenuss in Verbindung mit Medikamenten nicht ratsam. Wenn Sie unsicher sind, halten Sie in jedem Fall zuerst Rücksprache mit Ihrem behandelnden Arzt.

● Achtung!

Schwangere Frauen und alkoholkranke Menschen sollten auf die Einnahme alkoholisierter Gertränke gänzlich verzichten.

Sie fühlen sich schlapp, antriebslos und
häufig müde? Mit gesunder Ernährung und viel
Bewegung an der frischen Luft können Sie Ihren
Lebensgeistern wieder auf die „Sprünge" helfen.
Mit den nachfolgend beschriebenen
Heilschnäpsen, -weinen und -likören unterstützen
Sie Ihren Organismus zur Besserung
des allgemeinen Wohlbefindens.

So werden Lebensgeister geweckt

chinarinden-wein

1.

Chinarinde mit dem abgespülten Thymianzweig und den Wein in ein verschließbares Glas geben.

2.

Das Ganze an einem warmen Ort 12 Stunden ruhen lassen.

3.

Dann die Mischung filtern und in eine saubere Flasche füllen.

● *Wirkung*:

Chinarindenwein wirkt stärkend auf das „Nervenkostüm" und dient der Steigerung des allgemeinen Wohlbefindens. Außerdem übt er eine positive Wirkung auf den Magen-Darm-Trakt aus, weil er die Leberfunktion und Magensaftproduktion anregt. Bei Erkältungen und Fieber kann er ebenfalls hilfreich sein.

● *Anwendung*:

Dreimal täglich ½ Glas Wein trinken hilft.

zubereitungszeit
15 Minuten
Reifezeit: 12 Stunden

zutatenliste
50 g Chinarinde
1 Thymianzweig
750 ml kräftiger
Rotwein

● ● ● ● ● ● ● ● ● ● ● ● ● ● ● ● ●

Wissenswert:
Chinarinde, auch
Fieberrinde genannt,
wird von gefällten,
sechs bis acht Jahre
alten Bäumen geschält.
Die Rinde wird getrock-
net und kommt in ein-
gerollten Röhren oder
in flachen Stücken in
den Fachhandel. Man
unterscheidet zwischen
der roten „Apotheken-
rinde" und der gelben
„Fabrikrinde".

23

Engelwurzwein

zubereitungszeit
10 Minuten
Reifezeit:
12 Stunden

zutatenliste
50 g Engelwurz
750 ml Weißwein

• • • • • • • • • • • • • •

Wissenswert:
Engelwurz, auch Ange-
likawurzel oder Theriak
genannt, wächst an
Gräben und Ufern, auf
feuchten Wiesen und
in flachen Moorland-
schaften. Zudem auch
in Erlenwäldern.
ACHTUNG! Es besteht
eine Verwechslungsge-
fahr mit dem tödlich
giftigen Wasserschier-
ling. Nur wer sich
auskennt, sollte Engel-
wurz pflücken.

1.

Die Engelwurz abspülen, klein schneiden und mit dem Wein in ein verschließbares Glas geben.

2.

12 Stunden an einen warmen Ort stellen, am besten in die Sonne.

3.

Dann die Mischung filtern und in eine saubere Flasche füllen.

• *wirkung*:

Hilft bei Erkältungskrankheiten und dient der Verbesserung des Allgemeinbefindens, weil Engelwurz das Immunsystem stimuliert. Sie wirkt überdies krampflösend und blähungstreibend.

• *Anwendung*:

Zur Linderung der Erkältung am Morgen und am Abend je ½ Glas Wein trinken.

Ginsenggeist

1.

Die gesäuberten und zerkleinerten Ginsengwurzeln mit dem Wodka in einen Topf geben und das Ganze bis zum Siedepunkt erhitzen.

2.

Anschließend den Ansatz in einen verschließbaren Behälter abfüllen und eine Woche ziehen lassen.

3.

Anschließend filtrieren und in saubere Flaschen abfüllen.

• Wirkung:

Die Heilkraft des Ginsengs, der die körperliche und auch seelische Gesundheit erhält, ist mittlerweile weltweit anerkannt. Er stärkt die Nerven, macht insgesamt belastbarer. Auch bei körperlicher Schwäche und bei Schweißausbrüchen und Kreislaufbeschwerden hat er sich bewährt. Nach einer schweren Erkrankung fördert er die Genesung und auch bei Impotenz soll er Wunder bewirken.

• Anwendung:

Zur Stärkung dreimal täglich ein Schnapsglas voll trinken. Am besten zwischen den Mahlzeiten.

Zubereitungszeit
15 Minuten
Reifezeit: 1 Woche

Zutatenliste
80 g Ginsengwurzel
1L Wodka

• • • • • • • • • • • • • •

Wissenswert:
Die wilde Ginsengwurzel gilt als Königin der Heilpflanzen. Ginseng wächst eigentlich 150 bis 200 Jahre heran, bis er geerntet wird.
Die mittlerweile fast weltweit kultivierte Ginsengwurzel wird bereits nach sieben Jahren geerntet, ist aber nicht ganz so wirkstoffreich und vor allem nicht so teuer wie die alte Pflanze.

Ingwerlikör

Zubereitungszeit
15 Minuten
Reifezeit: 3 Wochen

Zutatenliste
85 g frische
Ingwerwurzel
250 g brauner
Kandiszucker
1 Vanilleschote
1 L Aprikosenschnaps

• • • • • • • • • • • • • • • •

Wissenswert:
Auch in der Küche werden Schärfe und Aroma des Ingwers sehr geschätzt. Frischer Ingwer sollte nicht zu lange lagern, da er sonst seine ätherischen Öle verliert.

1.

Die Ingwerwurzel schälen, waschen, in dünne Scheibchen schneiden und mit dem Zucker und der Vanilleschote in ein verschließbares Glas geben.

2.

Den Aprikosenschnaps darübergießen und das Ganze drei Wochen ziehen lassen. Hin und wieder leicht schütteln.

3.

Zum Schluss den Likör filtern und in eine saubere Flasche füllen.

● **Wirkung:**
Seit jeher schätzt man Ingwer als probates Mittel gegen Übelkeit. Die wertvollen Inhaltsstoffe der Knolle regen zudem die Gallentätigkeit und Produktion der Magensäfte an, aber auch bei einem niedrigen Blutdruck haben sie sich bewährt. Ingwer verbessert insgesamt das Allgemeinbefinden, und im Winter sorgt der Verzehr der frischen Ingwerwurzel für eine wohlige Wärme, weil er die Durchblutung fördert.

● **Anwendung:**
Bei Übelkeit abends ein Schnapsglas voll trinken. Bei stärkeren Beschwerden auch zweimal täglich.

Pfirsichlikör

1.

Die aufgeklopften und leicht zerquetschten Pfirsichsteine in ein verschließbares Gefäß geben und mit dem Alkohol übergießen.

2.

Das Ganze 4 Wochen an einem warmen Platz ruhen lassen. Dann die dünn geschälte Limettenschale und die zerstoßenen Nelken dazugeben.

3.

Den Ansatz gut schütteln und 1–2 Wochen an einem warmen Platz stehen lassen. Anschließend aus Zucker und 2 Liter Wasser einen Sirup kochen und diesen mit in das Gefäß gießen.

4.

Das Ganze filtrieren, abfüllen und gut verschlossen an einem kühlen Ort lagern.

● *Wirkung*:

Vitamine und Mineralstoffe des Pfirsichs steigern insgesamt das körperliche Wohlbefinden.

● *Anwendung*:

Zum Wohlfühlen jeweils morgens und abends ein volles Schnapsglas zwischen den Mahlzeiten trinken.

zubereitungszeit
20 Minuten
Reifezeit:
5–6 Wochen

zutatenliste
300 g frische
Pfirsichsteine
1 L Korn
1 ungespritzte Limette
8 zerstoßene
Gewürznelken
1 kg Zucker

Wissenswert:
Den europäischen Anbau der süßen Frucht mit dem weichen Haarflaum verdanken wir wie so vieles andere auch den Römern. Die Pfirsichsaison ist von Mitte Juni bis Ende September.

27

Vielen Menschen macht das Herz-Kreislauf-System
und mit den damit verbundenen „Randerscheinungen"
wie Müdigkeit und Abgeschlagenheit zu „schaffen".
Es ist nie zu spät, dem Körper etwas Gutes zu tun.
Mit den folgenden Rezepten bringen Sie Ihren Kreislauf
wieder in Schwung.

Das tut dem
Kreislauf
gut

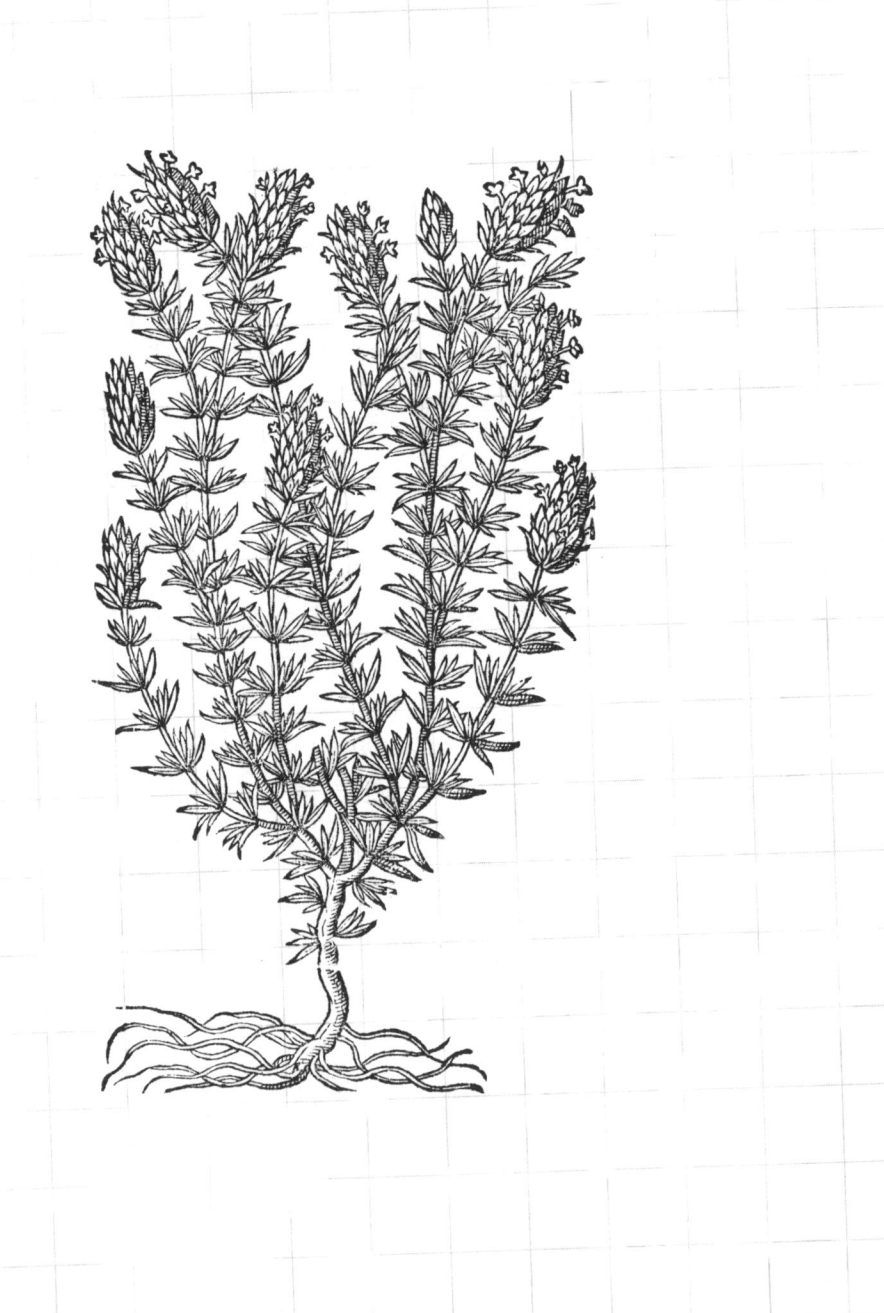

Knoblauch-schnaps

1.

Die geschälten Knoblauchzehen mit der flachen Schneide des Küchenmessers ein wenig zerdrücken und in eine saubere Flasche geben.

Zubereitungszeit
20 Minuten
Reifezeit: 2 Wochen

2.

Diese mit dem Schnaps auffüllen, verschließen und 14 Tage an einem dunklen Ort ziehen lassen.

3.

Abschließend den Ansatz abseihen und in eine saubere Flasche füllen.

Zutatenliste
1 Knolle Knoblauch
700 ml Korn

● *Wirkung:*

Knoblauch ist ein richtiges Wunderwerk aus der Natur. Es gibt fast nichts, was er nicht kann. Regelmäßig zu sich genommen, senkt er zu hohen Blutdruck und schlechte Blutfette. Damit beugt er der Gefäßverkalkung vor. Aber auch gegen Krebserkrankungen soll er präventiv wirken. Knoblauch agiert im menschlichen Körper wie ein Antibiotikum, d. h. Bakterien und Pilze aller Art haben es bei seiner Anwesenheit schwer.

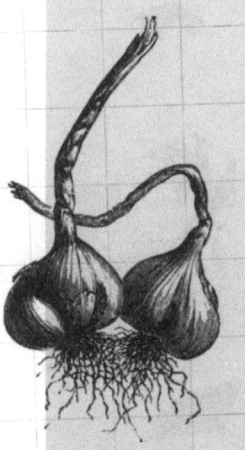

● *Anwendung:*

Dreimal täglich ein Schnapsglas trinken

31

Kokosnusslikör

zubereitungszeit
20 Minuten
Reifezeit:
3 Wochen

zutatenliste
1 Kokosnuss
300 ml weißer Rum
230 ml Korn
150 ml Zuckersirup

1.

Kokosnuss öffnen, schälen und das weiße Fruchtfleisch raspeln.

2.

Das geraspelte Fleisch mit dem weißen Rum und dem Korn in einem verschließbaren Gefäß mischen und anschließend 14 Tage ziehen lassen. Die Mischung ab und an schütteln.

3.

Danach den Ansatz filtrieren, die Raspel ausquetschen und den Saft mit 150 ml Zuckersirup süßen. Abschließend den Likör wieder ein paar Tage ziehen lassen und dann erneut filtrieren.

● Wirkung:

Die wertvollen Inhaltsstoffe der Kokosnuss stärken den Körper insgesamt, besonders aber ein schwaches Herz-Kreislaus-System.

● Anwendung:

Morgens und abends jeweils ein kleines Schnapsglas voll trinken.

Zimtlikör

1.

Eine ganze und eine zerdrückte Zimtstange mit 100 g Zucker in ein verschließbares Gefäß geben und mit dem Alkohol übergießen.

2.

Den gut verschlossenen Ansatz sechs Wochen an einem warmen, aber nicht sonnigen Platz ruhen lassen. Danach die Flüssigkeit abseihen.

3.

Nun eine gekochte Lösung aus dem restlichen Zucker und 300 ml Wasser ansetzen, abkühlen lassen und mit dem Ansatz vermischen. Den Likör in einem zugedeckten Gefäß 2–3 Stunden ziehen lassen.
Danach filtrieren, in saubere Flaschen füllen und gut verschlossen 2–3 Monate ruhen lassen. Ist der Likör danach nicht ganz klar, sollte man ihn noch einmal filtrieren.

● Wirkung:

Zimt tut dem Magen gut, das wusste bereits Hippokrates. Auch bei Appetitlosigkeit und Verdauungsproblemen wie Völlegefühl und Blähungen sind seine Inhaltsstoffe hilfreich. Darüber hinaus stabilisiert er den Kreislauf und fördert die Durchblutung.

● Anwendung:

Bei Bedarf jeweils morgens und abends ein Schnapsglas trinken.

Zubereitungszeit
10 Minuten
Reifezeit:
4–5 Monate

Zutatenliste
2 Zimtstangen
200 g Zucker
1 L Kornbranntwein
(38 %)

● ● ● ● ● ● ● ● ● ● ● ● ● ● ● ● ●

Wissenswert:
Achtung! Zimt senkt den Blutzuckerspiegel. Wer Diabetes hat oder anderen Krankheiten, die mit einem veränderten Blutzuckerspiegel zusammenhängen, sollte beim Verzehr vorsichtig sein.

Walnuss-schnaps

Zubereitungszeit
5 Minuten
Reifezeit: 6 Wochen

Zutatenliste
20 grüne Walnüsse
1 L Grappa oder Korn
500 g Zucker

• • • • • • • • • • • • • •

Wissenswert:
Walnüsse sind Ende September bis Anfang Oktober erntereif. Dann platzt die grüne Schale auf, die Nüsse lösen sich von der Schale und fallen zu Boden. Die grünen, unreifen Walnüsse werden im Juni geerntet.

1.

Die Nüsse in ein großes verschließbares Glas geben, mit dem Alkohol übergießen und vier Wochen an einem dunklen, kühlen Ort stehen lassen.

2.

Dann den Zucker mit einem Liter Wasser zu einem Sirup einkochen, den Zuckersirup zu der Nussmischung geben und weitere 2 Wochen ruhen lassen.

3.

Das Ganze filtern und in saubere Flaschen abfüllen.

● Wirkung:

Die Nüsse liefern wichtige Inhaltsstoffe, die gesund erhalten. Neben den gesunden Omega-3-Fettsäuren, die Nerven stärken und gut fürs Gehirn sind, liefern sie reichlich Tryptophan, eine Vorstufe des Serotonins, ein Glückshormon, das die Laune hebt. Außerdem sind Walnüsse gut für Haut und Haare, sie stärken Herz und Kreislauf, halten die Arterien frei und senken den Cholesterinspiegel im Blut. Zudem bauen sie Stress ab.

● Anwendung:
Am Abend ein volles Schnapsglas trinken.

34

Das häufig allzu stressige Alltagsleben überfordert unsere Nerven oftmals. Verkehrslärm, Staus auf den Straßen, Aufregungen am Arbeitsplatz und vieles mehr bringen unser Nervenkostüm zum „Flattern". Wir sind dann reizbar, nervös und ungeduldig.

Gönnen Sie sich und Ihren Nerven eine Ruhepause mit den folgenden Getränken.

Wenn die Nerven flattern

Eierlikör

1.

Die Vanillestange auskratzen. Eigelb und beide Zuckersorten schaumig aufschlagen und das Mark unterrühren.

2.

Das Ganze mit der Milch und dem Weingeist verrühren und dann in einer fest verschlossenen Karaffe 24 Stunden kühl lagern.

● *Wirkung*:

Eierlikör beruhigt die Nerven und macht angenehm müde.

● *Anwendung*:

1–2 volle Schnapsgläser am Abend trinken.

Zubereitungszeit
25 Minuten
Reifezeit:
24 Stunden

Zutatenliste
1 Vanillestange
4 Eigelb
200 g Zucker
100 g Puderzucker
250 ml Milch
100 ml Weingeist

● ● ● ● ● ● ● ● ● ● ● ● ●

Wissenswert:
Vanille, das aus den Kapseln der Gattung Vanilla gewonnen wird, stimuliert die körperliche und geistige Beweglichkeit, vertreibt Abgeschlagenheit und macht gute Laune.

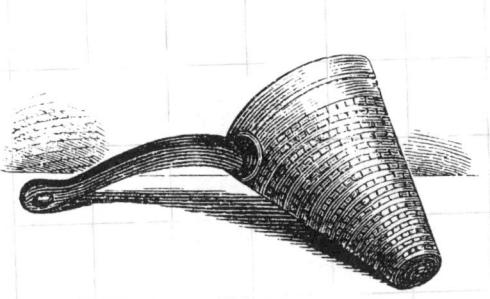

Eisenkrautgeist

Zubereitungszeit
10 Minuten
Reifezeit: 2 Wochen

Zutatenliste
30 g Echtes Eisenkraut
10 g
Kardobenediktenkraut
(Bitterdistel)
15 g Weidenrinde
1 L Wodka

• • • • • • • • • • • • • •

Wissenswert:
Seit jeher gilt Eisenkraut als Heilpflanze mit nahezu magischen Eigenschaften. Im alten Ägypten nannte man es „Träne der Iris". Weitere Namen: Druidenkraut, Hahnenkopf, Junotränen, Merkurblut oder Richardskraut.

1.

Die Kräuter mit der Rinde und dem Wodka in einer Flasche ansetzen.

2.

Die Mischung bei etwa 30 °C zwei Wochen lang ruhen lassen und täglich gut schütteln.

3.

Abschließend den Sud abseihen, die Kräuter auspressen und in dunkle Flaschen abfüllen.

● *Wirkung*:

Aufgrund seiner Bitterstoffe erleichtert Eisenkraut die Magensaftsekretion und den Galleabfluss. Es hilft bei Appetitlosigkeit und bei Verdauungsbeschwerden. Auch bei Erkrankungen im Bereich der Mund- und Rachenschleimhaut und der oberen Atemwege soll es Linderung bringen. Daneben wird Eisenkraut zur Behandlung von Krämpfen, Müdigkeit, Erschöpfungszuständen und nervösen Störungen eingesetzt.

● *Anwendung*:

Es hilft, abends ein Schnapsglas zu trinken.

Lindenblüten-wein

1.

Die Lindenblüten in ein verschließbares Glas geben und mit dem Wein begießen.

2.

An einem dunklen Ort drei Wochen ruhen lassen. Dabei täglich leicht durchschütteln.

3.

Anschließend filtern und in eine saubere Flasche füllen. Den Wein an einem dunklen, kühlen Ort lagern.

● *wirkung:*

Ihre wirksamen Inhaltsstoffe und ätherischen Öle beruhigen. Lindenblüten helfen zudem bei Schlafproblemen und sind ein wichtiges Mittel bei Grippe und Fieber. Außerdem wirkt die Lindenblüte krampflösend, z. B. bei Husten.

● *Anwendung:*

Ein volles Likörglas kann Wunder wirken.

zubereitungszeit
5 Minuten
Reifezeit:
3 Wochen

zutatenliste
150 g Lindenblüten
1 L lieblicher Weißwein

• • • • • • • • • • • • • •

wissenswert:
Die geschmacklich süße Lindenblüte besitzt einen aromatischen Duft und zählt zu den bekanntesten Hausmitteln der Volksmedizin.

41

Melissengeist

zubereitungszeit
20 Minuten
Reifezeit:
5–10 Wochen

zutatenliste
2 Handvoll
Melisseblätter
Schale von 2 unge-
spritzten Orangen
Schale von 3 unge-
spritzten Zitronen
1 TL Anis
1 TL Fenchel
1 TL Kümmel
250 ml Weingeist
500 g Zucker

• • • • • • • • • • • • • •

wissenswert:
Zerreibt man die
Blätter, verströmen sie
einen zitronenartigen
Duft. Aus diesem Grun-
de wird die Melisse oft
auch Zitronenmelisse
genannt.

1.

Melisse kalt waschen, abtropfen lassen und mit den Orangen-
und Zitronenschalen in ein verschließbares Gefäß geben. Anis,
Fenchel und Kümmel zugeben, den Weingeist darübergießen und
das geschlossene Gefäß mehrere Wochen lang an einen warmen
Platz stellen.

2.

Danach den Zucker mit 500 ml Wasser aufkochen, abkühlen lassen und hinzufügen. Das Ganze gut schütteln, filtrieren und in
saubere Flaschen abfüllen.

3.

Vor Gebrauch sollte der Melissengeist einige Wochen kühl lagern.

• wirkung:
Melisse kommt in erster Linie bei Unruhe
und Nervosität zum Einsatz. Die Pflanze
wirkt darüber hinaus krampflösend,
schweißtreibend und antibakteriell. Bei
Erkältungen, aber auch bei Wundbe-
schwerden entfaltet sie ihre volle Kraft.

• Anwendung:
Abends ein Schnapsglas zu sich nehmen.
Bei akuten Beschwerden auch dreimal
täglich zwischen den Mahlzeiten jeweils
ein volles Schnapsglas trinken.

Rosmarinwein

1.

Die Rosmarinnadeln mit dem Wein in ein verschließbares Glas geben und fünf Tage ruhen lassen.

2.

Das Ganze anschließend filtern und in eine saubere Flasche füllen.

● Wirkung:

Wirkt harmonisch auf das Nervensystem und kreislaufstärkend. Aber auch bei Blähungen lindert das Kraut.

● Anwendung:

Gegen die Beschwerden einmal täglich ein halbes Weinglas trinken.

Zubereitungszeit
5 Minuten
Reifezeit: 5 Tage

Zutatenliste
15 g Rosmarinnadeln
750 ml Weißwein

● ● ● ● ● ● ● ● ● ● ● ● ● ● ● ●

Wissenswert:
Die Rosmarinblätter werden am besten kurz vor der Blüte gesammelt, denn dann sind sie am gehaltvollsten. Die Blätter können auch getrocknet werden, dies sollte aber schnell und schonend geschehen. Die schonende Trocknung ist wichtig, damit die wertvollen ätherischen Öle erhalten bleiben.

43

Schafgarben-blütenwein

Zubereitungszeit
15 Minuten
Reifezeit: 3 Wochen

Zutatenliste
50 g Schafgarben-
blüten und -blätter
50 g Melisseblätter
½ Zimtstange
1 L Rotwein

● ● ● ● ● ● ● ● ● ● ● ● ● ●

Wissenswert:
Die Schafgarbe wächst
auf Wiesen und an
Wegrändern und wird
auch Allheil oder Bar-
barakraut genannt. Die
Sammelzeit der Schaf-
garbe reicht vom Juli
bis in den August.

1.

Blüten und Blätter von Scharfgarbe und Zitronenmelisse
waschen, trocken schütteln und zerkleinern.

2.

Beides mit der Zimtstange in ein verschließbares, helles Glas
geben, mit dem Rotwein übergießen und drei Wochen an einem
hellen Ort ruhen lassen. Dabei täglich leicht durchschütteln.

3.

Anschließend filtern und in eine dunkle, saubere Flasche abfüllen, diese dunkel und kühl lagern.

● *Wirkung:*

Schafgarben wirken nicht nur beruhigend und nervenstärkend,
sondern auch appetitanregend. Vor allem bei Frauenleiden sind
sie das klassische Heilmittel. Sie lindern krampfartige Menstruationsbeschwerden und zahlreiche Beschwerden der Wechseljahre.
Bei Bedarf abends ein Schnapsglas voll trinken.

● *Anwendung:*

Dreimal täglich zwischen den Mahlzeiten jeweils ein volles
Schnapsglas trinken.

Waldmeister-likör

1.

Waldmeister waschen, trocken schütteln und mit dem Korn in ein verschließbares Gefäß füllen.

2.

Das Ganze 3 Wochen an einem warmen, schattigen Platz ruhen lassen. Danach den Ansatz in eine Schüssel filtrieren und den Zucker unterrühren.

3.

Den Likör in saubere Flaschen abfüllen und 8 Wochen lang dunkel lagern.

● Wirkung:

Waldmeister wirkt beruhigend, fördert den Schlaf und verhilft zu einem ruhigen Herzschlag. Zudem löst er Verkrampfungen und lindert Leber-Galle-Beschwerden.

● Anwendung:

Zur Beruhigung abends ein Schnapsglas voll trinken. Bei akuten Beschwerden auch dreimal täglich zwischen den Mahlzeiten jeweils ein ½ Schnapsglas trinken.

Zubereitungszeit
10 Minuten
Reifezeit:
11 Wochen

Zutatenliste
15 frische
Waldmeisterstängel
1 L Korn
100 g Zucker

Wissenswert:
Waldmeister, auch Maikraut genannt, in zu hohen Mengen zu sich genommen, kann Kopfschmerzen und Magenbeschwerden auslösen.

45

In zunehmendem Alter leiden viele Menschen
unter Schlafstörungen. Aber auch junge Leute klagen
vermehrt über Ein- und Durchschlafproblemen.
Schlaftabletten helfen dem Müden zwar durch
die Nacht, sie haben aber leider eine große Anzahl von
Nebenwirkungen. Die nachfolgenden Schlafhelfer sind
bei richtiger Einnahme wirksam und lassen Sie in
Morpheus Armen sicher ruhen.

In
Morpheus
Armen sicher
ruhen

Bierlikör

1.

Das Starkbier mit Zucker, Vanilleschote, Zimtstange und Gewürznelken in einem Topf langsam zum Kochen bringen und anschließend 10–15 Minuten köcheln lassen. Das Ganze 1 Stunde ziehen lassen.

2.

Anschließend den Ansatz filtrieren und das Ganze erneut bis knapp unter den Siedepunkt erhitzen.

3.

Nach dem Abkühlen den Alkohol zugeben, gut durchrühren und sofort in Flaschen abfüllen. Abschließend den Likör 2– 3 Monate im Keller nachreifen lassen.

● *Wirkung:*

Hilft bei Schlaflosigkeit, Magenverstimmung und bei Entzündungen der Mundhöhle.

● *Anwendung:*

Bei Bedarf abends ein Schnapsglas trinken. Bei akuten Beschwerden auch dreimal täglich zwischen den Mahlzeiten jeweils ein Schnapsglas einnehmen.

zubereitungszeit
1–2 Stunden
Reifezeit:
2–3 Monate

zutatenliste
2 L Starkbier
100 g Zucker
1 Vanilleschote
½ Zimtstange
3 Gewürznelken
1 ¼ L Gin oder ein anderer Schnaps mit mind. 37 % Alkohol

49

wild
und herb

Fichten- und Kiefernnadelgeist

zubereitungszeit
15 Minuten
Reifezeit: 1– 4 Wochen

zutatenliste
100 g Fichten- oder
Kiefernnadeln
60 g Wildblumenhonig
1 L Wodka

....

Wissenswert:

Im Sommer kann man
die ausgewachsenen
Nadeln des Baumes
sammeln. Gesammelt
werden die Nadeln der
zarten, jungen Triebe,
die eine deutlich
hellere Farbe
aufweisen.

1.

Fichten- oder Kiefernnadeln und Honig mit dem Wodka in einer Flasche ansetzen.

2.

Anschließend bei jungen Nadeln 1 Woche, bei frischen, älteren Nadeln zwei Wochen und bei getrockneten Nadeln 1 Monat ziehen lassen.

3.

Den Ansatz täglich schütteln und abschließend filtrieren. Je länger Fichten- bzw. Kiefernnadelgeist lagert, desto stärker entwickelt sich sein Aroma.

● Wirkung:

Sein Haupteinsatzgebiet sind Erkrankungen der Atemwege. Seine ätherischen Öle lösen den Schleim. Aber auch bei Schlaflosigkeit, nervösen Herzbeschwerden und allgemeiner Unruhe kann er beruhigend wirken.

● Anwendung:

Dreimal täglich zwischen den Mahlzeiten jeweils ein volles Schnapsglas trinken.

50

Holunder-blütenwein

1.

Die Holunderblüten in einem Gefäß mit dem Wein ansetzen. Das Ganze gut verschließen und an einem warmen Ort zwei Tage ruhen lassen. Dabei hin und wieder schütteln.

2.

Danach die Flüssigkeit in dunkle, saubere Flaschen filtern.

Zubereitungszeit
10 Minuten
Reifezeit:
2 Tage

• *Wirkung:*

Hilft bei Schlafstörungen, aber auch bei Erkältungskrankheiten und Verdauungsbeschwerden. Seine ätherischen Öle haben eine schleimlösende Wirkung.

Zutatenliste
1 Handvoll getrocknete Holunderblüten
1 L Weißwein

• *Anwendung:*

Vor dem Schlafengehen ein Schnapsglas trinken. Bei akuten Beschwerden auch dreimal täglich zwischen den Mahlzeiten jeweils ein Schnapsglas voll trinken.

Wissenswert:
Die Blüten des Holunders können im Juni gesammelt, die Früchte im August und September geerntet werden. Holunder bevorzugt einen sonnigen Standort, auch die Früchte profitieren vom Sonnenlicht.

Winterzeit - Erkältungszeit. Ehe man sich versieht, ist es schon passiert. Husten, Schnupfen, Heiserkeit - kaum jemand übersteht den Winter ohne diese lästigen Erkältungssymptome. Aber dem kann man auch vorbeugen. Nicht alles hilft erst, wenn es bereits eingetreten ist. Probieren Sie die nachfolgend beschriebenen Rezepturen aus und helfen Sie so Ihrem Immunsystem gut über die kalte Jahreszeit.

Wenn
die Nase
läuft

Bärenfang

1.

Den Honig im erhitzten Wasser auflösen und anschließend erkalten lassen.

2.

Den Weingeist unterrühren und die Mischung mit Wasser auf einen Liter auffüllen.

3.

Anschließend den Likör in eine saubere Flasche füllen und etwa 4–6 Wochen lang kühl lagern. Danach die abgesetzten Trübstoffe herausfiltern.

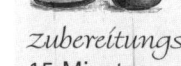

zubereitungszeit
15 Minuten
Reifezeit:
4–6 Wochen

zutatenliste
450 g Blütenhonig
220 ml destilliertes Wasser
440 ml Weingeist

● *Wirkung*:

Hilft bei Erkältungskrankheiten und lindert Magen-Darm-Beschwerden. Auch eine fiebersenkende Wirkung wird ihm zugeschrieben.

● *Anwendung*:

Zur Stärkung morgens und abends ein Schnapsglas trinken. Bei akuten Beschwerden auch dreimal täglich zwischen den Mahlzeiten jeweils ein Schnapsglas voll trinken.

55

Die Luft erfüllt von Kräuterduft

Erkältungs -schnaps

zubereitungszeit
20 Minuten
Reifezeit: 10 Tage

zutatenliste
1 Zitrone
5 Wacholderbeeren
1 Stängel Pfefferminze
3 Salbeiblätter
2 Rosmarinzweige
6–7 Basilikumblätter
1 Zimtstange
2 Gewürznelken
2 Lorbeerblätter
3 EL brauner Kandiszucker
700 ml Doppelkorn

1.

Mit einer feinen Reibe die Schale der Zitrone abreiben und die Zitrone auspressen. Die Wacholderbeeren im Mörser zerdrücken. Die Kräuter waschen und trocken schütteln.

2.

Alle Zutaten zusammen mit dem Zitronensaft und der Zitronenschale in ein gut verschließbares Glas füllen.

3.

Das Ganze 10 Tage an einem dunklen, kühlen Ort ziehen lassen, hin und wieder schütteln. Dann den Ansatz filtern und in eine saubere Flasche abfüllen.

● *Wirkung*:
Der Schnaps lindert Atemwegsbeschwerden und wirkt überdies entwässernd.

● *Anwendung*:
Für bessere Atmung morgens und abends ein Schnapsglas trinken. Bei akuten Beschwerden auch dreimal täglich zwischen den Mahlzeiten jeweils ein Schnapsglas trinken.

Eukalyptus-likör

1.

Eukalyptus-, Pfefferminzblätter und Enzianwurzel waschen, trocken tupfen, zerkleinern und in eine Flasche geben.

zubereitungszeit
30 Minuten
Reifezeit:
8 Wochen

2.

Den Grappa darübergießen und das Ganze 2 Wochen ziehen lassen. Den Zucker in 500 ml heißem Wasser auflösen und zur Eukalyptusmischung geben.

3.

In der gut verschlossenen Flasche eine Woche ziehen lassen. Den Likör ab und zu kräftig schütteln, damit kein Zucker ansetzt. Abschließend die Mischung filtern, abfüllen und vor dem Verzehr 5 Wochen stehen lassen.

zutatenliste
25 g Eukalyptusblätter
6 Pfefferminzblätter
1 Stück Enzianwurzel
1 L Grappa
500 g Zucker

● *wirkung:*

Hilft bei Erkältungskrankheiten wie Husten, Heiserkeit und Atemwegsbeschwerden. In der Volksmedizin findet er überdies Anwendung bei Magen-Darm-Beschwerden.

Wissenswert:
In unseren Breiten und im mediterranen Raum werden Eukalyptus-bäume vor allem als Zierpflanze kultiviert.

● *Anwendung:*

Gegen die Erkältung morgens und abends ein Schnapsglas trinken. Bei akuten Beschwerden auch dreimal täglich zwischen den Mahlzeiten jeweils ein Schnapsglas trinken.

Fruchtig-scharf

Ingwerwein

zubereitungszeit
5 Minuten
Reifezeit: 1 Woche

zutatenliste
1 kleines Stück frischer
Ingwer (etwa 6 cm)
750 ml trockener
Weißwein

wissenswert:
Ingwer hat einen
fruchtig-scharfen
Geschmack. Diese
Schärfe rührt vom
Inhaltsstoff Gingerol
her. Als im Mittelalter
in europäischen
Küchen Pfeffer Man-
gelware war,
verwendete man
stattdessen Ingwer.

1.
Den Ingwer schälen und in kleine Stücke schneiden. Mit dem Wein in ein verschließbares Glas geben.

2.
Das Ganze verschlossen 1 Woche an einem kühlen Ort ziehen lassen.

3.
Dann filtern und in eine saubere Flasche füllen. Den Ingwerwein kühl lagern.

• *wirkung:*
Hilft wirkungsvoll bei Erkältungskrankheiten.

• *Anwendung:*
Ein Schnapsglas Ingwerwein in den Tee geben und diesen heiß vor dem Zubettgehen trinken.

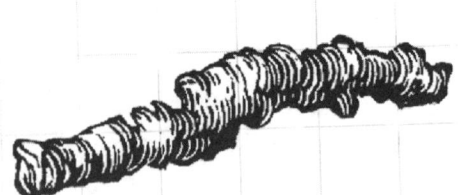

Kiefernsprossen-Fichtennadel-Geist

zubereitungszeit
10 Minuten
Reifezeit: 7 Tage

1.
Die frischen Sprossen und Nadeln mit dem Korn in eine Flasche füllen und gut verschließen.

2.
Das Ganze an einem warmen Ort 7 Tage stehen lassen, dabei regelmäßig kräftig durchschütteln.

3.
Danach die Flüssigkeit abfiltern und mit der Zuckerlösung verrühren. Den Kiefernsprossen-Fichtennadel-Geist in dunkle, saubere Flaschen abfüllen.

• wirkung:
Hilft wirkungsvoll bei den Beschwerden einer Erkältung.

• Anwendung:
Es hilft, bis zu dreimal täglich ein Schnapsglas voll zu trinken.

zutatenliste
1 Handvoll frische Kiefernsprossen
1 Handvoll frische Fichtennadeln
1 L Doppelkorn
¼ L Zuckerlösung (im Fachhandel erhältlich)

• • • • • • • • • • • • • •

wissenswert:
Die Zuckerlösung selbst herstellen: 500 g Zucker und 500 ml kaltes Wasser in einen Topf geben und aufkochen. Den Schaum abschöpfen. Einen Teelöffel Zitronensaft unterrühren und abkühlen.

Lavendelwein

zubereitungszeit
10 Minuten

Zutatenliste
1 L Weißwein
3 EL Speiklavendel

● ● ● ● ● ● ● ● ● ● ● ● ●

Wissenswert:
Speiklavendel, auch
breitblättriger Lavendel
genannt, verfügt über
ein spritzig duftendes
Aroma. Die Pflanze
produziert dreimal
mehr Öl als der Echte
Lavendel und enthält
bis zu 15 Prozent
Kampfer. Daher duftet
er auch deutlich anders
als der gewöhnliche
Lavendel. Er blüht von
Juni bis September.

1.

Den Wein mit Speiklavendel etwa 10 Minuten bei mittlerer Hitze kochen.

2.

Das Ganze filtern und in eine saubere Flasche füllen.

● **Wirkung:**

Hilft bei Verstimmung, Konzentrationsschwäche, Husten und Erkältungskrankheiten. Speiklavendel hat überdies eine abwehr-stärkende Wirkung und stärkt Herz und Magen. Auch sorgt er für einen erholsamen Schlaf.

● **Anwendung:**

Sinnvoll sind täglich 2–3 Schluck Lavendelwein.

Minzelikör

1.

Von Minze- und Zitronenmelisse die groben Stängel entfernen, die Blätter waschen, trocken tupfen. Mit dem Zucker schichtweise in ein weithalsiges Glas geben.

2.

Korianderkörner und Kornbranntwein zugeben.

3.

Den Liköransatz an einem dunklen Ort und bei Zimmertemperatur sechs Wochen reifen lassen. Danach gut durchschütteln und filtern (durch ein feines Tuch gießen) und in eine saubere Flasche abfüllen.

4.

Der Likör sollte vor dem Verzehr nochmals 2–3 Wochen nachreifen.

● *Wirkung:*

Hilft bei Erkältungskrankheiten. Minze wirkt vor allem krampf- und schleimlösend.

● *Anwendung:*

Bei Bedarf abends ein Schnapsglas voll trinken. Bei akuten Beschwerden auch dreimal täglich zwischen den Mahlzeiten jeweils ein Schnapsglas voll trinken.

Zubereitungszeit
15 Minuten
Reifezeit: 8–9 Wochen

Zutatenliste
15 g frische Minze
(Pfefferminze)
15 g frische
Zitronenmelisse
125 g weißer
Kandiszucker
10 g Korianderkörner
700 ml Kornbranntwein
(40 % Vol.)

Wissenswert:
Minze benötigt zur Pflanzung leichte Böden, feuchte, sonnige, windgeschützte Lagen, auch Halbschatten. Da die Pflanze sich schnell ausbreitet, sollte man die Ausläufer regelmäßig im Herbst abstechen.

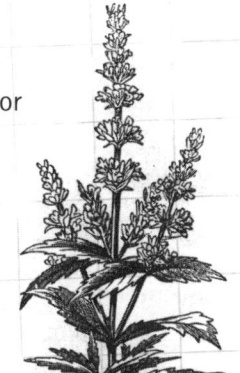

Zitronenschnaps

Zubereitungszeit
15 Minuten
Reifezeit: 5 Wochen

Zutatenliste
250 g weißer
Kandiszucker
2 große, unbehan-
delte, saftige Zitronen
1 unbehandelte,
saftige Limone
1 Zimtstange
1 gestr. TL
Korianderkörner
700 ml
Tresterbranntwein

Wissenswert:
Ätherisches Zitronenöl
hilft erwiesenermaßen
auch dabei, die
Konzentrations- und
Leistungsfähigkeit zu
steigern.

1.
Den Zucker mit 125 ml Wasser unter ständigem Rühren bei schwacher Hitze zu einem Sirup einkochen. Zitronen und Limone schälen, die Schale sorgfältig von der weißen Innenhaut befreien und fein zerkleinern. Den Saft von Zitrone und Limone auspressen.

2.
Die Schalen mit dem Saft, den Gewürzen und dem Tresterbrannt-wein unter den abgekühlten Sirup rühren, in ein verschließbares Glas füllen und 4 Wochen an einem dunklen Ort bei Zimmer-temperatur reifen lassen.

3.
Dann filtern und vor dem Verzehr nochmals 1 Woche nachreifen lassen.

● *Wirkung:*
Hilft bei Erkältungskrankheiten und wirkt anregend. Durch ihren Vitamin-C Gehalt hilft die Zitrone auch gegen Frühjahrsmüdig-keit und Abwehrschwäche.

● *Anwendung:*
Zur Anregung abends ein Schnapsglas voll trinken. Bei akuten Beschwerden auch dreimal täglich zwischen den Mahlzeiten jeweils ein kleines Gläschen trinken.

Nach einem zu üppigen oder zu fettigen Essen ist unser Magen mit der Verdauung manches Mal überfordert. Auch Stress und Aufregung überlasten das Magen-Darm-System, was Völlegefühl und Aufstoßen nach sich ziehen kann. Zur Förderung und auch zur Beruhigung Ihres Verdauungsapparates empfehlen wir nachfolgende Rezepte.

Wenn's
im Magen
grummelt

Anisschnaps

1.

Die Anissamen mit Zimt und Zucker im Alkohol 6 Wochen lang ziehen lassen.

2.

Anschließend den Ansatz durch einen Filter in saubere Flaschen abfüllen und diese verschlossen, kühl und trocken lagern.

● *Wirkung:*

Die ätherischen Öle der Anissamen helfen bei der Entkrampfung von Magen und Darmwänden und lindern Verdauungsstörungen, wie z. B. Blähungen. Auch bei Husten entfaltet Anis eine heilsame Wirkung.

● *Anwendung:*

Zur Entkrampfung dreimal täglich zwischen den Mahlzeiten jeweils ein Schnapsglas voll trinken.

zubereitungszeit
35 Minuten
Reifezeit:
6 Wochen

Zutatenliste
40 g frisch zerstoßene Anissamen
1 g Zimt
500 g Zucker
1 L klarer Schnaps
(38 %)

. . . .

Wissenswert:
Seine süßlich schmeckenden Früchte spielen vor allem in der Weihnachtsbäckerei und bei der Spirituosenherstellung eine Rolle. Anis, auch unter dem Namen Römischer Fenchel bekannt, blüht im Juli und August in weißen Dolden.

Der Klassiker

Apfelschnaps

zubereitungszeit
5 Minuten
Reifezeit: 3 Wochen

Zutatenliste
1 L Apfelsaft
1 L Obstler oder Korn

- - - - - - - - - - - - - - - -

Wissenswert:
Obstler, hocharomatische Branntweine, sind klar wie Wasser und werden aus verschiedenen Früchten wie etwa Äpfeln, Birnen oder Zwetschgen hergestellt. Die Qualität eines Obstbrandes hängt wesentlich von der Beschaffenheit der zur Herstellung verwendeten Früchte ab.

1.

Den Saft mit dem Obstler mischen und in Flaschen füllen.

2.

Das Ganze drei Wochen an einem dunklen, kühlen Ort ruhen lassen und in dieser Zeit zwei- bis dreimal filtern.

● *Wirkung:*
Hilft bei Verdauungsproblemen und Magenbeschwerden.

● *Anwendung:*
Abends ein Schnapsglas voll zu Beruhigung trinken.

Bärlauchwein

1.

Den Bärlauch waschen, gut trocken tupfen und in feine Streifen schneiden. In einem Topf den Weißwein zum Kochen bringen, Bärlauch und Honig dazugeben und nochmals kurz aufkochen lassen.

2.

Das Ganze filtern, abkühlen lassen und in eine Flasche füllen.

• Wirkung:

Hilft bei Magen- und Darmbeschwerden, wirkt entschlackend, antibakteriell und appetitanregend.

• Anwendung:

Dreimal täglich ein halbes Weinglas voll trinken.

Zubereitungszeit
15 Minuten

Zutatenliste
100 g Bärlauch
750 ml Weißwein
1 EL Honig

Wissenswert:
Wenn Sie Bärlauch in der freien Natur sammeln möchten, achten Sie unbedingt darauf, dass die Bärlauch-Blätter den Blättern des giftigen Maiglöckchens ähneln. Im Unterschied zu Maiglöckchen-Blättern duften Bärlauch-Blätter allerdings eindeutig nach Knoblauch.

69

Basilikumwein

Zubereitungszeit
10 Minuten
Reifezeit: 2 Tage

Zutatenliste
2 Handvoll frische
Basilikumblätter
1 L Wein

Wissenswert:
Äußerlich angewendet,
hilft Basilikum bei
schwer heilenden
Wunden.

1.

Die Basilikumblätter verlesen, säubern und in feine Streifen schneiden.

2.

Den Wein mit Blättern in eine weithalsige Flasche geben und gut verschlossen an einem warmen Ort für 2 Tage stehen lassen. Dabei regelmäßig gut durchschütteln.

3.

Nach der Reifezeit in dunkle, saubere Flaschen abfiltern.

● *Wirkung:*

Hilft bei Magen-Darm-Beschwerden, beruhigt auch die Nerven, lindert Migräne und Wechseljahrsbeschwerden. Seine ätherischen Öle wirken überdies krampflösend und harntreibend.

● *Anwendung:*

Dreimal täglich zwischen den Mahlzeiten jeweils ein gut gefülltes Schnapsglas trinken.

Birnenlikör

1.

Die Birnen waschen, halbieren, Stiel und Kerngehäuse entfernen. Die Birnenhälften in Stücke schneiden.

2.

Die Birnenstücke mit Orangen- und Zitronenschalen in ein weithalsiges Schraubglas füllen und mit dem Birnenbranntwein übergießen. Gut verschließen und an einem dunklen Ort bei Zimmertemperatur zwei Wochen reifen lassen.

3.

Dann Zucker und eine Tasse Wasser in einem Topf unter Rühren aufkochen lassen. Den Zuckersirup auskühlen lassen und zum Liköransatz geben.

4.

Nach weiteren zwei Wochen Reifezeit filtern und in eine saubere Flasche abfüllen.
Vor dem Verzehr eine weitere Woche nachreifen lassen.

● Wirkung:

Birnen liefern sehr viel Eisen und helfen deshalb auch bei Blutarmut. Aber vor allem verbringen sie wahre Wunder, wenn es um die Linderung von Verdauungsproblemen geht. Sie verhindern zudem die Entstehung von Bakterien im Darm.

● Anwendung:

Bei Bedarf abends ein Schnapsglas voll trinken.

Zubereitungszeit
20 Minuten
Reifezeit:
5 Wochen

Zutatenliste
1 kg vollreife Birnen
Schale von je ½ unbehandelten Orange und Zitrone
700 ml Birnenbranntwein
100 g Zucker

Wissenswert:
Hildegard von Bingen empfahl, bei „schlechten Säften im Körper und bei Migräne", gekochtes Birnenmus zu verzehren.

Bitterholzwein

Zubereitungszeit
10 Minuten
Reifezeit: 2 Tage

Zutatenliste
50 g geraspeltes
Bitterholz
2 Zimtstangen
1 Msp. Muskatnuss
750 ml Portwein

Wissenswert:
Bitterholz, im Volks-
mund auch Fliegenholz
genannt, wurde in der
Volksmedizin als
Wurmmittel und zur
Abwehr von Insekten
verwendet.

1.

Alle Zutaten in ein verschließbares Glas füllen und 2 Tage an
einem nicht zu kühlen Ort stehen lassen.

2.

Das Ganze filtern und in eine saubere Flasche füllen.

● Wirkung:

Hilft bei Magen-, Darm- und Gallen- sowie bei Verdauungsbeschwerden. Auch bei Appetitlosigkeit kann Bitterholz wirksam
sein.

● Anwendung:

Für den Appetit und das Wohlbefinden drei- bis viermal täglich
ein Viertel Weinglas trinken.

● Achtung!

Es darf nicht während der Schwangerschaft und bei Magen- und
Zwölffingerdarmgeschwüren eingenommen werden.

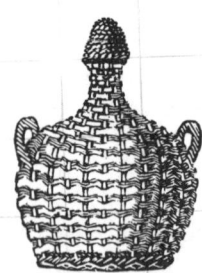

Brombeer-schnaps

1.

Die Brombeeren verlesen, waschen und gut abtropfen lassen. In ein verschließbares Glas geben und mit dem Korn übergießen.

2.

An einem dunklen Ort bei Zimmertemperatur 4 Wochen ziehen lassen.

3.

Anschließend den Ansatz filtern und in eine saubere Flasche abfüllen.

zubereitungszeit
15 Minuten
Reifezeit:
4 Wochen

zutatenliste
500 g frische
Brombeeren
700 ml Kornbranntwein

• *Wirkung*:

Brombeeren werden vor allem bei Durchfällen eingesetzt, wirken aber auch blutzuckersenkend, blutreinigend und schleimlösend. Auch bei Fieber und Mandelentzündung hilfreich.

Wissenswert:
Brombeeren können von Juli bis Oktober geerntet werden.

• *Anwendung*:

Bei Bedarf dreimal täglich zwischen den Mahlzeiten jeweils ein Schnapsglas voll trinken.

73

Enziangeist

zubereitungszeit
20 Minuten
Reifezeit: 2–3 Monate

zutatenliste
30 g Wurzeln vom
gelben oder gefleckten
Enzian
1 L Wodka

Wissenswert:
Der Enzian ist eine
Gebirgspflanze, die
unter Naturschutz
steht. Die Hauptwir-
kung des gelben
Enzians beruht auf den
Bitterstoffen, die in den
Wurzeln stecken. Die
Wurzel des Enzians
kann man in Apotheken
und Kräuterhandlungen
erwerben.

1.
Nach Säubern der Wurzeln diese fein schneiden und zusammen
mit dem Wodka in einer Flasche ansetzen.

2.
Das Ganze zwei Wochen lang an einem warmen, sonnigen Platz
ziehen lassen und täglich schütteln.

3.
Anschließend noch einmal 1–2 Monate ruhen lassen, dann
filtrieren und ohne Wurzeln in saubere Flaschen abfüllen.

● **Wirkung:**
Hilft bei Magenverstimmungen, gegen Appetitlosigkeit, schlechte
Verdauung, Blähungen und als Stärkungsmittel für das Immunsy-
stem, das Nervensystem sowie Leber und Galle.

● **Anwendung:**
Gegen die Beschwerden dreimal
täglich zwischen den Mahlzeiten
jeweils ein Schnapsglas voll trinken.

Fenchellikör

1.

Fenchelsamen in ein Schraubglas geben und mit Doppelkorn begießen.

zubereitungszeit
15 Minuten
Reifezeit:
2 Wochen

2.

Den Zucker mit 150 ml Wasser zu einem Sirup kochen, zum Fenchelsatz geben und gut durchschütteln.

3.

Das Ganze zwei Wochen ziehen lassen, anschließend filtern und in eine saubere Flasche abfüllen.

zutatenliste
250 g Fenchelsamen
500 ml Doppelkorn
100 g Zucker

● *Wirkung:*

Wirkt beruhigend und gegen Blähungen und Koliken. Darüber hinaus hat Fenchel eine antibakterielle und schleimlösende Wirkung, er lindert Halsschmerzen, unterstützt die Heilung von Bronchitis und besänftigt insgesamt Erkältungsbeschwerden.

Wissenswert:
Die eigentliche Heimat des Doldenblütlers ist Südeuropa. Mittlerweile ist er bei uns in vielen Gärten zu finden. Manchmal wächst er auch verwildert. Aus den Blüten wachsen Samen, die ab September reif sind.

● *Anwendung:*

Zwischen den Mahlzeiten jeweils ein Schnapsglas voll trinken.

Flohsamenwein

zubereitungszeit
10 Minuten

Zutatenliste
3 EL Flohsamen
1 L Rotwein

Wissenswert:
Der Flohsamenwein resorbiert bereits im Darmtrakt Giftstoffe. Flohsamen sind die Samenschalen der Wegeriche. Überwiegend wird die indische Art des Flohsamens verwendet, die unserem heimischen Spitzwegerich sehr ähnlich sieht.

1.
Den Flohsamen im Mörser leicht aufbrechen und mit dem Wein etwa 10 Minuten kochen lassen.

2.
Dann filtern und in eine saubere Flasche füllen.

● **Wirkung:**
Hilft bei Verdauungsbeschwerden – sowohl bei Verstopfung als auch bei Durchfall – und wirkt überdies beruhigend auf Beschwerden des sogenannten Reizdarms.

● **Anwendung:**
Für's Wohlfühlen dreimal täglich zwischen den Mahlzeiten jeweils ein Schnapsglas trinken.

Frauen-mantelgeist

1.

Frauenmantel vorsichtig abspülen und trocken tupfen. Mit Fenchelsamen, Taubnesselblüten und Beifußkraut in ein verschließbares Gefäß geben und mit dem Wodka übergießen.

2.

Das Ganze verschlossen 2 Wochen lang ziehen lassen.

3.

Den Ansatz täglich schütteln. Abschließend filtrieren und in eine saubere Flasche abfüllen.

- *Wirkung:*
Lindert Menstruations- und Wechseljahrsbeschwerden. Darüber hinaus erweist sich Frauenmantel hilfreich bei Magen- und Darmstörungen, Erkältungen, Fieber und Nierenschwäche.

- *Anwendung:*
Bei Bedarf bis zu dreimal täglich jeweils ein Schnapsglas voll trinken.

zubereitungszeit
5 Minuten
Reifezeit:
2 Wochen

Zutatenliste
30 g Frauenmantel
10 g gemahlener Fenchelsamen
10 g Taubnesselblüten
20 g Beifußkraut
1 L Wodka

Heidelbeergeist

zubereitungszeit
5 Minuten
Reifezeit: 8 Wochen

zutatenliste
1 kg reife Heidelbeeren
1 L Obstler

• • • • • • • • • • • • • •

Wissenswert:
Heidelbeeren, die von
Juni bis September
erntereif sind, liefern
reichlich Karotene,
Schutzstoffe, die das
Immunsystem und
die Körperzellen vor
Bakterien und freien
Radikalen schützen.
Heidelbeeren warten
zudem mit viel
Vitamin C auf, das
bei Infektionen,
Erkältungen und
Stressbelastung
wichtig ist.

1.
Die Beeren 2–3 Tage in der Sonne trocknen und dann mit dem Obstler in einer Flasche ansetzen.

2.
Die Mischung 4 Wochen lang an einem warmen Ort ziehen lassen und täglich schütteln.

3.
Den Ansatz weitere 4 Wochen ruhen lassen.

4.
Dann filtrieren und den Heidelbeergeist in eine saubere Flasche abfüllen.

● *Wirkung:*
Hilft bei Magen-Darm-Beschwerden, Durchfall und Blasen-schwäche. Die Gerbstoffe der Heidelbeere wirken überdies antibakteriell.

● *Anwendung:*
Bis zu dreimal täglich zwischen den Mahlzeiten jeweils ein gefülltes Gläschen trinken.

Kiwischnaps

1.

Kiwis und Orange schälen und in nicht zu kleine Stücke schneiden.

2.

Mit den Gewürzen in ein großes, verschließbares Glas füllen und mit dem Schnaps begießen.

3.

Etwa 2 Wochen an einem hellen, warmen Ort ruhen lassen.

4.

Anschließend den Zucker in 750 ml Wasser auflösen, aufkochen, etwas einkochen und abkühlen lassen. Den Zuckersirup zum Ansatz gießen und mit einem Leinentuch zubinden.

5.

Das Ganze 4 Wochen an einem dunklen, kühlen Ort ruhen lassen. Hin und wieder leicht schütteln.
Den Schnaps filtrieren und in eine saubere Flasche abfüllen.

● *Wirkung:*
Regt die Verdauung an.

● *Anwendung:*
Zur Anregung abends ein Schnapsglas voll trinken.

zubereitungszeit
20 Minuten
Reifezeit:
6 Wochen

Zutatenliste
7 frische Kiwis
1 Orange
8 Kardamomkapseln
½ Vanilleschote
700 ml Schnaps
450 g brauner Zucker
50 ml Rum

• • • • • • • • • • • • • •

Wissenswert:
Die Kiwifrucht wartet mit zweimal so viel Vitamin C auf wie eine Orange und hat einen doppelt so hohen Vitamin-E-Gehalt wie die Avocado.

Kümmellikör

zubereitungszeit
10 Minuten
Reifezeit: 5–6 Wochen

Zutatenliste
80 g Kümmel
250 g weißer
Kandiszucker
1 L Obstler

Wissenswert:

Die Kümmelfrüchte kann man im zweiten Jahr im Juli und August sammeln und dann sorgfältig trocknen. Aber Vorsicht! Der Kümmel stammt aus der oft giftigen Familie der Doldengewächse. Daher nur selbst sammeln, wenn man sich mit der Pflanze auskennt.

1.

Kümmel, Kandiszucker und Obstler in ein Gefäß füllen, gut verschließen und 4 Wochen lang warm und sonnig ruhen lassen.

2.

Hat sich der Zucker aufgelöst, den Ansatz filtrieren, in eine saubere Flasche abfüllen und erneut einige Tage ruhen lassen.

● *Wirkung:*

Hilfreich bei Magenbeschwerden, Verdauungsstörungen und Blähungen. Kümmel wirkt krampflösend, fördert die Produktion von Gallensäuren, regt die Magensaftproduktion an und fördert den Appetit.

● *Anwendung:*

Gegen die Krämpfe dreimal täglich zwischen den Mahlzeiten jeweils ein Schnapsgläschen trinken.

Löwenzahnwein

1.

Die Wurzeln und das Kraut säubern, klein schneiden und mit dem Wein in ein Ansatzgefäß geben.

2.

Das Ganze gut verschließen und an einem warmen Ort 5 Tage stehen lassen.

3.

Nach der Reifezeit den Löwenzahnwein in dunkle, saubere Flaschen filtern.

● Wirkung:

Hilft bei Harnwegsproblemen und regt den Gallenfluss an. Außerdem wirkt er gegen Völlegefühl und bei Appetitlosigkeit. Verantwortlich für seine heilsame Wirkung sind die enthaltenen Bitterstoffe.

● Anwendung:

Bei Bedarf dreimal täglich zwischen den Mahlzeiten jeweils ein Schnapsglas voll trinken.

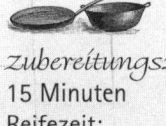

Zubereitungszeit
15 Minuten
Reifezeit:
5 Tage

Zutatenliste
2 Handvoll frische Löwenzahnwurzeln mit Kraut
1 L Weißwein

Wissenswert:
Der Löwenzahn blüht von April bis Oktober. Die Wurzeln kann man im März sowie im September und Oktober selbst sammeln. Das Löwenzahnkraut sammelt man im März und im April.

81

Mandarinen-schnaps

Zubereitungszeit
15 Minuten
Reifezeit: 3 Wochen

Zutatenliste
2 Mandarinen
6 Nelken
200 g brauner
Kandiszucker
4 Sternanis
¼ Zimtstange
1 L Weinbrand

Wissenswert:
Mandarinen enthalten
sehr viele Antioxidan-
zien, Mineralstoffe,
Vitamine und
ätherische Öle.

1.
Die Mandarinen heiß abwaschen und in jede jeweils drei Nelken stecken.

2.
Den Kandiszucker mit Sternanis und Zimtstange in ein ver-schließbares Glas geben.

3.
Die gespickten Mandarinen darauflegen und mit dem Weinbrand begießen. Fest verschlossen 3 Wochen kühl und dunkel stehen lassen. Hin und wieder leicht schütteln.

4.
Dann die Mandarinen entfernen und die Flüssigkeit filtern. Den fertigen Schnaps in eine saubere Flasche füllen.

● *Wirkung:*
Wirkt anregend auf Magen, Galle und Darm.

● *Anwendung:*
Zur Stimulation von Magen und Darm morgens und abends jeweils ein Schnapsglas trinken.

wenn wir älter werden, „knackt" es manchmal in den Gelenken. Die Beweglichkeit von Armen und Beinen ist eingeschränkt und das Laufen macht uns Beschwerden. Rückenbeschwerden sind fast schon eine „Volkskrankheit" – fast jeder kennt die morgendliche Steifheit, wenn wir aus dem Bett aufstehen. Auch hier gilt: Es ist nie zu spät, diesen Beschwerden vorzubeugen. Regelmäßige sportliche Betätigung kann das „Einrosten" der Glieder verhindern. Aber auch mit den folgend beschriebenen Rezepten tun sie Ihren Gelenken etwas Gutes.

Die Gelenke verursachen Probleme?

Galgant-
wurzelwein

1.

Den Wein mit dem Galgantwurzelpulver in einem Topf drei
Minuten kochen lassen.

2.

Das Ganze filtern und in eine Flasche füllen.

Zubereitungszeit
3 Minuten

● *Wirkung:*

Hilft bei Rheumaschmerzen. Überdies regt Galgant den Appetit
an, lindert Unruhezustände und Nervosität und unterstützt die
Behandlung von Erkältungskrankheiten.

Zutatenliste
250 ml Rotwein
1 TL Galgant-
wurzelpulver

● *Anwendung:*

Bei Schmerzen ein- bis dreimal täglich ½ Schnapsglas
in Tee (grüner-, Kamillen-
oder Pfefferminztee) geben
und warm trinken.

Wissenswert:

Die Heil- und Gewürz-
pflanze wurde bereits
im Altertum als Gewürz
und zu medizinischen
Zwecken genutzt. Bei
uns wurde die Pflanze
durch Hildegard von
Bingen bekannt, geriet
jedoch wieder in Ver-
gessenheit. Galgant
wird nach der Ernte
geschnitten und
getrocknet.

Gartenbalsam-geist

Balsam für die Seele

Zubereitungszeit
20 Minuten
Reifezeit: 1 Woche

Zutatenliste
250 g Balsamblüten
600 ml Wodka
400 ml Wasser

Wissenswert:

Beim gemeinen Balsam handelt es sich um eine dickstängelige Pflanze mit großen roten Kelchblüten. Ihr klebrig dicker Pflanzensaft schließt rasch Wunden in der Pflanzenhaut. Ihre hübschen Blüten kann man sogar essen und damit einen grünen Salat verfeinern.

1.

Die Blüten bei schwacher Hitze rösten und trocknen.

2.

Anschließend fein zerstoßen und mit dem Wodka und dem Wasser in einer Flasche ansetzen.

3.

Das Ganze eine Woche lang ziehen lassen und täglich schütteln.

4.

Abschließend den Ansatz filtrieren und in eine saubere Flasche abfüllen.

● Wirkung:

Hilft bei Gliederschmerzen und rheumatischer Arthritis. Als Umschlag auch bei Prellungen.

● Anwendung:

Bei Bedarf dreimal täglich jeweils ein Schnapsglas trinken.

Ilexgeist

1.

Die Ilexblätter ausbreiten und einige Tage im Schatten trocknen. Anschließend die Blätter in eine Flasche füllen und den Wodka hinzugießen.

2.

Den Ansatz drei Tage ziehen lassen und täglich schütteln.

3.

Danach die Mischung filtrieren, in eine saubere Flasche abfüllen und längere Zeit lagern.

● *Wirkung:*

Die Bitterstoffe und anderen Inhaltsstoffe der Ilex helfen bei rheumatischen Leiden. Aber auch bei fiebrigen Erkältungen und Bronchitis soll die Stechpalme heilsam sein.

● *Anwendung:*

Zur Schmerzlinderung abends ein Schnapsglas trinken.

Zubereitungszeit
15 Minuten
Reifezeit:
2–10 Tage

Zutatenliste
1–2 Handvoll junge
Ilexblätter
1 L Wodka

Wissenswert:
Ilex ist ein strauchartiger Baum, der bis zu 15 m hoch werden kann. Die Pflanzen tragen leuchtend rote Beeren, von deren Verzehr jedoch abzuraten ist, da diese giftig sind. Früher wurde die Stechpalme oft als Heilmittel gegen Fieber verwandt.

Durch langes Sitzen lagert der Körper Wasser ein.
Wir erkennen das dadurch, dass die Beine, besonders die
Sprunggelenke und die Füße, anschwellen.
Das hat die unangenehme Begleiterscheinung, dass
unser Schuhwerk plötzlich schmerzhaft auf unsere
Füße drückt. Viele Menschen neigen überdies dazu,
zu wenig zu trinken, was sich negativ auf die Nieren
und die Blase auswirkt. Es ist deshalb ratsam,
die nachfolgenden Rezepte zu Entschlackung und
Entwässerung und zur Linderung von
Harnwegsproblemen anzuwenden.

Damit die „Bächlein" wieder fließen

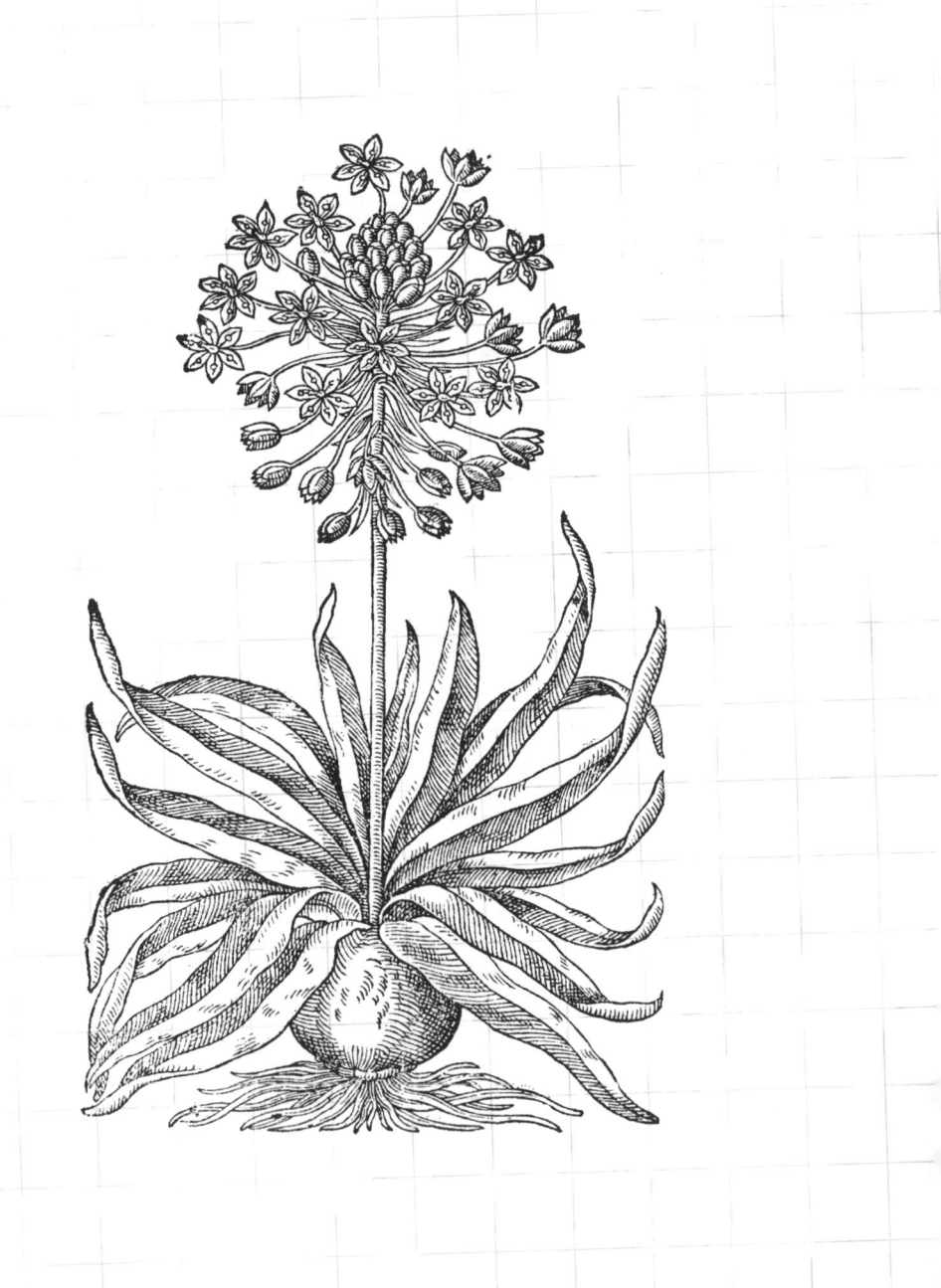

Birkenblätter-wein

1.

Die Birkenblätter verlesen, evtl. etwas reinigen und in feine Streifen schneiden.

2.

Die Blätter mit dem Wein in ein Ansatzgefäß geben und an einem warmen Ort 2 Tage stehen lassen. Dabei regelmäßig gut durchschütteln.

3.

Nach der Reifezeit den Wein in dunkle, saubere Flaschen filtern.

● *Wirkung:*

Birkenblätterwein wirkt entwässernd und fördert die Heilung von Harnwegserkrankungen. Insgesamt stärkt er eine schwache körperliche Konstitution.

● *Anwendung:*

Dreimal täglich jeweils ein volles Schnapsglas trinken.

Zubereitungszeit
15 Minuten
Reifezeit:
2 Tage

Zutatenliste
2 Handvoll junge Birkenblätter
1 L Weißwein

● ● ● ● ● ● ● ● ● ● ● ●
Wissenswert:
In der Heilkunde werden die Blätter der Birke vor allem bei Blasen- und Nieren-erkrankungen einge-setzt, aber auch Haut und Haare profitieren von den wertvollen Inhaltsstoffen.

von der Wiese und
vom Wegesrand

Brennessel -schnaps

Zubereitungszeit
15 Minuten
Reifezeit: 3 Wochen

Zutatenliste

20 g Brennnesselblätter
5 g Feldstief-
mütterchenblüten
20 g Tausend-
güldenkraut
10 g Gänseblümchen
10 g Ringelblumen
20 g Holunderblüten
1 L Wodka

1.

Die Blüten und Kräuter reinigen und zusammen mit dem Wodka in einer Flasche ansetzen. Das Ganze drei Wochen lang ziehen lassen.

2.

In den ersten beiden Wochen die Flasche täglich schütteln. In der dritten Woche den Sud ruhen lassen.

3.

Anschließend den Ansatz filtrieren und in eine saubere Flasche abfüllen.

• Wirkung:

Brennesselschnaps hat segensreiche Wirkungen bei entzündlichen Erkrankungen der Harnwege und ist ebenso wirkungsvoll zur Vorbeugung gegen Nieren- und Blasensteine. Auch bei Prostatabeschwerden sinnvoll.

• Anwendung:

Gegen die Entzündungen dreimal täglich jeweils ein Schnapsglas trinken.

Eberwurzgeist

Leicht bitter, doch sehr wirksam

1.

Die Wacholderbeeren zerquetschen und zusammen mit Eberwurz, Bibernelle und Wodka in eine Flasche füllen. Den Sud drei Wochen lang ziehen lassen und täglich schütteln.

2.

Abschließend den Ansatz filtrieren und in eine saubere Flasche abfüllen.

● *Wirkung:*

Eberwurz stärkt Nieren und Blase. Darüber hinaus wirken die Inhaltsstoffe schweißtreibend, krampflösend und antibiotisch.

● *Anwendung:*

Bei Bedarf morgens und abends jeweils ein Schnapsglas voll trinken.

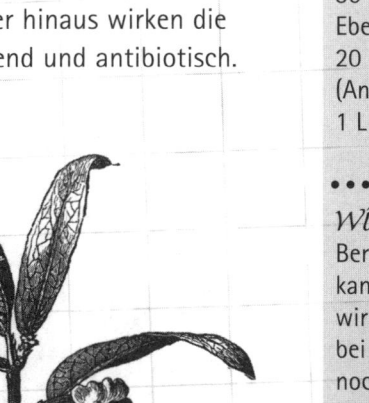

Zubereitungszeit
15 Minuten
Reifezeit:
3 Wochen

Zutatenliste
20 g Wacholderbeeren
30 g Stängellose
Eberwurz (Silberdistel)
20 g Große Bibernelle
(Anis)
1 L Wodka

• • • • • • • • • • • • • • •

Wissenswert:
Bereits in der Antike kannte man die Heilwirkung der Eberwurz bei Hautproblemen und noch heute schätzt man die Heilkraft der Wurzeln und Blätter, deren ätherisches Öl antibakteriell wirkt.

Lange Lagerzeit verbessert das Aroma

Hagebutten-likör

Zubereitungszeit
25 Minuten
Reifezeit:
6–12 Wochen

Zutatenliste
1 kg Hagebutten
1 L Wodka
250 g Zucker

. . . .

Wissenswert:
Die Heckenrose blüht im Juni und Juli und die Hagebutten-Früchte kann man von September bis zum Oktober sammeln. Die Früchte enthalten behaarte Kernchen, die vor Verzehr entfernt werden müssen.

1.
Die Hagebutten mit dem Messer teilen, die Kerne entfernen und dann mit dem Wodka in ein verschließbares Gefäß füllen.

2.
Die Mischung sechs Wochen lang an einem warmen, sonnigen Platz ziehen lassen und ab und an gut schütteln.

3.
Abschließend filtrieren und in eine saubere Flasche abfüllen. Mehrere Monate Lagerzeit verbessern das Aroma des Likörs und seinen Geschmack.

• Wirkung:
Unterstützt die Nierenfunktion und hilft bei Steinleiden. Überdies stimulieren Hagebutten die Abwehrkräfte und regen den Appetit an.

• Anwendung
Gegen die Beschwerden bis zu dreimal täglich jeweils ein Schnapsglas voll trinken.

Johanniskraut -geist

1.

Die Johanniskrautblüten mit dem Wodka in eine Flasche füllen und zwei Wochen lang an einem dunklen, warmen Ort ruhen lassen.

2.

Den Ansatz täglich schütteln. Anschließend ein bis zwei Wochen völlig ruhen lassen.

3.

Danach den Saft filtrieren und in eine saubere Flasche abfüllen.

Zubereitungszeit
10 Minuten
Reifezeit:
4 Wochen

Zutatenliste
50 g getrocknete
Johaniskrautblüten
1 L Wodka

● *Wirkung:*

Stärkt Nieren und Blase, hilft gegen Bettnässen und wirkt beruhigend und schlaffördernd. Überdies hilfreich ist es bei allen Atemwegerkrankungen und Halsentzündungen.

Wissenswert:

Hellhäutige Menschen sollten aber während der Einnahme starke Sonnenbestrahlung, Solarien und Höhensonne meiden. Es könnte sonst eine erhöhte Empfindlichkeit gegenüber Licht entstehen.

● *Anwendung*

Zur Heilung und Linderung dreimal täglich zwischen den Mahlzeiten jeweils ein Schnapsglas trinken.

97

Liebstöckelwein

Zubereitungszeit
15 Minuten
Reifezeit: 5–7 Tage

Zutatenliste
1 Handvoll getrocknete
Liebstöckelwurzeln
1 L Weißwein

* * * * * * * * * * * * * * *

Wissenswert:
Liebstöckelblätter sind
in der Küche als
Maggikraut beliebt
zum Würzen von Spei-
sen aller Art. Sein
Geschmack erinnert an
Sellerie.

1.

Die Wurzeln reinigen und in dünne Scheiben oder kleine Stücke schneiden. Mit dem Wein in ein weithalsiges Gefäß geben.

2.

Gut verschlossen für 5–7 Tage an einem warmen Ort ruhen lassen. Regelmäßig gut durchschütteln.

3.

Nach der Reifezeit den Liebstöckelwein in dunkle, saubere Flaschen filtern.

● **Wirkung:**

Hilft bei Erkrankungen der Harnwege und wirkt präventiv gegen Nierengrieß, aber auch harntreibend und krampflösend. Selbst bei Menstruationsbeschwerden soll Liebstöckel eine lindernde Wirkung entfalten.

● **Anwendung:**

Hilft, wenn man dreimal täglich zwischen den Mahlzeiten jeweils ein Schnapsglas trinkt.

Trauben-schnaps

1.

Die Trauben waschen, abtropfen lassen und von den Stielen befreien.

2.

Die Trauben pressen, bis alle aufplatzen, und mit dem Zucker in einen Topf geben. Kurz aufkochen lassen und bei mittlerer Hitze zu einem Mus köcheln lassen.

3.

Das Traubenmus in ein Schraubglas füllen und mit dem Trauben-branntwein begießen.

4.

Das gut verschlossene Glas kräftig durchschütteln und sechs Wochen an einem dunklen Ort bei Zimmertemperatur ruhen lassen. Anschließend durch ein feines Tuch gießen und in eine saubere Flasche abfüllen.

Zubereitungszeit
30 Minuten
Reifezeit:
6 Wochen

Zutatenliste
500 g weiße
Weintrauben
3 EL weißer
Kandiszucker
500 ml
Traubenbranntwein

• • • • • • • • • • • • • •

Wissenswert:
Tafeltrauben sind vit-amin- und mineral-stoffreich. Darüber hin-aus enthalten ihre Kerne eine Substanz, die Arthritisschmerzen lindern kann und auch bei Herz- und Gefäß-problemen, Stress und Allergien hilfreich ist.

● *Wirkung:*
Der Traubenschnaps wirkt entwässernd und entschlackend. Seine wertvollen Inhaltsstoffe tragen dazu bei, dass Herz und Kreislauf gesund bleiben.

● *Anwendung:*
Bei Bedarf dreimal täglich jeweils ein Schnapsglas voll trinken.

Besonders
wirksam

Wacholderlikör

Zubereitungszeit
5 Minuten
Reifezeit: 9 Wochen

Zutatenliste
3 EL Wacholderbeeren
6 EL brauner
Kandiszucker
700 ml Kornbranntwein

Wissenswert:
Der zypressenähnliche Wacholderbaum kann bis zu zehn Meter hoch werden, seine herben, schwarzblauen Früchte sind erst nach zwei Jahren reif.

1.

Die Wacholderbeeren in einem Mörser zerquetschen. Die Beeren mit Zucker und Kornbranntwein in ein verschließbares Glas geben.

2.

Den Liköransatz an einem dunklen Ort bei Zimmertemperatur neun Wochen reifen lassen.

3.

Dann filtern (durch ein feines Tuch gießen) und in eine gut verschließbare, saubere Flasche abfüllen.

● Wirkung:

Wacholder regt die Verdauung an, verantwortlich dafür sind die enthaltenen Bitterstoffe. Überdies wirkt er harntreibend, blutreinigend und entwässernd. Mögliche Erreger in der Blase werden ausgespült. Auch bei rheumatischen Erkrankungen wirkt er lindernd, weil er die Durchblutung fördert. Eine Wacholderkur sollte aber nicht länger als vier Wochen dauern, weil die Nieren gereizt werden könnten.

● Anwendung:

Zur Behandlung der Beschwerden dreimal täglich zwischen den Mahlzeiten jeweils ein Schnapsglas voll trinken.

Der Lebenssaft, das Blut, mit seinen einzelnen Bestandteilen hat vielerlei Aufgaben, um die Lebensvorgänge in unserem Körper und damit unser Leben aufrecht zu erhalten. Eine seiner Hauptaufgaben ist der Beförderung von Sauerstoff und unterschiedlichen Nährstoffen zu den Zellen. Außerdem werden unter anderem Hormone zwischen den Zellen befördert und auch die Körpertemperatur wird über das Blut reguliert. Aus diesen Gründen ist es wichtig, diese besondere Körperflüssigkeit unseres Körpers zu schützen und ihr etwas Gutes zu tun. Trinken Sie deshalb nachfolgend beschriebene Heilschnäpse, -weine und -liköre – natürlich stets in sinnvollen Maßen.

Gesunder
Lebensaft sorgt
für Körperkraft

Aquavit

1.

Die geschälte und fein geschnittene Ingwerwurzel mit allen anderen Zutaten in ein verschließbares Gefäß geben. Innerhalb eine Stunde das Ganze so oft schütteln, bis sich der Kandis vollständig aufgelöst hat.

2.

Nun zwei Tage ziehen lassen, dann den fertigen Aquavit filtrieren und in eine saubere Flasche abfüllen.

• Wirkung:

Hilft, die Verdauung anzuregen und seelische und körperliche Heilprozesse zu unterstützen.

• Anwendung:

Dreimal täglich zwischen den Mahlzeiten jeweils ein Schnapsglas und man fühlt sich besser.

Zubereitungszeit
60 Minuten
Reifezeit:
2 Tage

Zutatenliste
2 g Ingwerwurzel
20 Safranfäden
1 g Gewürznelke
½ g Chilischote
½ g Muskatnusspulver
4 g Zimtstange
50 g weißer
Kandiszucker
1 L Doppelkorn

Wissenswert:

Safran ist eines der teuersten Gewürze überhaupt und schmeckt herb und leicht scharf.

105

Buchenlikör

Der Geschmack der heimatlichen Wälder

Zubereitungszeit
15 Minuten
Reifezeit: 4–6 Wochen

Zutatenliste
3 Handvoll junge, zarte
Buchenblätter
500 ml Korn oder
Wacholderschnaps
2 Handvoll Zucker
125 ml Cognac oder
Weinbrand

· · · · · · · · · · · · · · · ·

Wissenswert:
Die Sammelzeit der
eiförmigen, mittelgro-
ßen Blätter ist im Mai.
Die frischen Blätter
kann man auch äußer-
lich anwenden. Auf
Geschwüre aufgelegt,
wirken sie lindernd.

1.

Die Buchenblätter in ein gut verschließbares Glasgefäß legen und mit dem Korn bzw. Wacholderschnaps übergießen. Den Ansatz drei Wochen lang an einem warmen, schattigen Platz ruhen lassen.

2.

Danach 250–300 ml Zuckerlösung filtern und gut geschüttelt mit dem Cognac oder Weinbrand auffüllen.

3.

Abschließend das Ganze einige Wochen im kühlen und dunklen Keller nachreifen lassen.

● Wirkung:

Reinigt Haut und Blut, lindert rheumatische Erkrankungen und Darmprobleme und regt den Haarwuchs an. Auch ein saurer Magen profitiert davon.

● Anwendung:

Gegen die Beschwerden morgens und abends jeweils ein Schnapsglas trinken.

Schlehenlikör

1.

Die Schlehen verlesen, gut waschen und trocken tupfen.
Die Schlehen mit dem Kandis in ein Glas geben.

2.

Die Vanillestange aufschlitzen und mit dem Schlehenwasser dazugeben. Das Glas gut verschließen und den Liköransatz mindestens 2 Monate reifen lassen.

3.

Dann filtern (durch ein feines Tuch gießen) und in eine saubere Flasche abfüllen.

● *Wirkung:*
Reinigt das Blut und hilft bei Erschöpfungszuständen jeglicher Art.

● *Anwendung:*
Es hilft, abends ein Schnapsglas voll zu trinken.

Zubereitungszeit
15 Minuten
Reifezeit:
2 Monate

Zutatenliste
200 g reife, frische Schlehen
150 g weißer Kandiszucker
1 Vanillestange
700 ml Schlehenwasser

Tausendgülden-krautwein

zubereitungszeit
15 Minuten
Reifezeit: 10 Tage

zutatenliste
30 g
Tausendgüldenkraut
30 g Pfefferminzblätter
1 unbehandelte Zitrone
1 L Weißwein

Wissenswert:
Die ein- bis zweijährige
Pflanze erblüht im Juni
und im Juli, gepflückt
wird das ganze blühen-
de Kraut ohne Wurzel
von Juni bis August.

1.

Das Kraut und die Blätter waschen und gut trocken tupfen. Die Zitrone mit der Schale in kleine Stücke schneiden.

2.

Alle Zutaten in ein verschließbares Glas geben und 10 Tage stehen lassen.

3.

Das Ganze filtern und in eine saubere Flasche füllen.

● *Wirkung:*
Tausendgüldenkraut wirkt blutreinigend und appetitanregend. Überdies wirken seine wertvollen Inhaltsstoffe bei Magenschleimhautentzündung und Sodbrennen, bei Abwehrschwäche, allgemeiner Erschöpfung, Unruhe und selbst bei Fieber.

● *Anwendung:*
Zur erfolgreichen Behandlung dreimal täglich 30 Minuten vor den Mahlzeiten ein Likörglas voll trinken.

Stress und Alltagsprobleme haben häufig unschöne Begleiterscheinungen. Libidoverlust und drohende Impotenz sind durch zu große körperliche und seelische Belastung möglich. Was tun, wenn im Bett „Flaute" herrscht?

Gönnen Sie sich und Ihrem Körper hin und wieder angenehmere Momente. Konzentrieren Sie sich mehr auf die schönen Dinge des Lebens. Lenken Sie sich ab vom Alltagsstress und genießen Sie die aphrodisierende Wirkung der nachfolgend beschriebenen Getränke.

Für die
schönste
Nebensache der
Welt

chrysanthemen-Lycii-Geist

Das Geheimnis aus dem Osten

1.
Die Blüten zusammen mit den Früchten, dem Kraut und dem Wodka in ein passendes Gefäß füllen und dann 1 Woche lang ziehen lassen.

2.
Die Flasche muss täglich geschüttelt werden.

3.
Abschließend den Ansatz filtrieren und in eine saubere Flasche abfüllen.

● *Wirkung:*
Stärkt die Organe des Unterleibs, verleiht sexuelle Potenz und verbessert sogar das Sehvermögen.

● *Anwendung:*
Für erfülltes Liebesleben abends ein Schnapsglas voll trinken.

zubereitungszeit
10 Minuten
Reifezeit:
1 Woche

zutatenliste
45 g chinesische Chrysanthemen-Blüten
45 g Lyciifrüchte
45 g Cistanchiskraut
1 L Wodka

● ● ● ● ● ● ● ● ● ● ● ● ● ●

Wissenswert:
Die Chrysantheme, gleichmäßig feucht gehalten, verträgt helle und sonnige Standorte. Ihre Blütezeit ist von August bis Oktober.

113

Cistanchesgeist

zubereitungszeit
5 Minuten
Reifezeit: 1 Woche

zutatenliste
60 g Cistancheskraut
1 L Wodka

·············

Wissenswert:
Getrocknete Cistanche-Blätter sind in vielen Kräuterläden und im asiatischen Fachhandel erhältlich.

1.
Das Cistancheskraut mit dem Wodka in eine Flasche füllen.

2.
Eine Woche lang an einem kühlen, dunklen Platz ziehen lassen. Den Ansatz jeden Tag schütteln.

3.
Danach den Ansatz filtrieren und in eine saubere Flasche füllen.

● Wirkung:
Hilft gegen Impotenz und bei Problemen mit vorzeitiger Ejakulation.

● Anwendung:
Zur Stärkung der Manneskraft abends ein volles Schnapsglas trinken.

Rosenschnaps

1.

Von den frisch gepflückten Rosenblütenblättern die bitteren Stielansätze entfernen.

2.

Die Blätter in eine Schüssel legen und mit 125 ml kochendem Wasser begießen, die Blätter müssen knapp bedeckt sein. Die Schüssel abdecken und das Ganze 12 Stunden ziehen lassen.

3.

Das Rosenwasser durch ein Sieb in einen Topf gießen (die Blätter werden nicht mehr benötigt) und den Zucker dazugeben. Unter ständigem Rühren bei mittlerer Hitze erhitzen, aber nicht kochen lassen. Die Flüssigkeit erkalten lassen und Korn und Weinbrand unterrühren.

3.

Den Rosenschnaps in Flaschen füllen und gut verschlossen etwa 4 Wochen an einem kühlen Ort ruhen lassen.

• *Wirkung:*

Der Rosenschnaps wirkt anregend. Empfehlenswert auch bei Entzündungen im Mund- und Rachenraum, Magenkrämpfen, Durchfall und Depressionen.

• *Anwendung:*

Zur Anregung bis zu dreimal täglich ein Schnapsglas voll trinken.

zubereitungszeit
10 Minuten
(ohne Wartezeit)
Reifezeit:
4 Wochen

zutatenliste
200 g Rosenblüten
150 g Zucker
375 ml Korn
500 ml Weinbrand

Wissenswert:
Rosenblüten sollten stets früh am Morgen gepflückt werden, da die Sonne den Duft und das Aroma vermindert. Auch im Handel sind essbare Rosenblüten erhältlich.

Das kleine Heilkräuter-Lexikon

Heilkräuter A–Z

Anis

Pimpinella anisum, auch bekannt als Runder oder Süßer Fenchel
Der starke Stängel der bis zu 50 cm hohen Pflanze ist gerillt und ästig. Die Blätter im unteren Teil sind rundlich und am Rand eingeschnitten. Die mittleren und oberen Blätter sind gefiedert bzw. lanzettenförmig. Die Blütenstängel enden in großen, weißen Doppeldolden.
Vorkommen: Asien; bei uns in Gärten angebaut
Blütezeit: Juli - August
Sammelgut/Sammelzeit für Früchte: Juli - September

Baldrian

Valeriana officinalis, auch bekannt als Balderbacken, Katzenkraut, Katzenwurzel, Stinkwurz
Die ausdauernde Pflanze hat einen kurzen Wurzelstock mit Ausläufern. Sie erreicht eine Höhe von bis zu 150 cm mit aufrecht stehenden, im oberen Bereich verzweigten, hohlen Stängeln. Diese tragen hellrosa bis weiß gefärbte, in rispigen Trugdolden angeordnete zahlreiche Blüten. Die Krone ist etwa 3–6 mm lang. Die frischen Blüten besitzen einen angenehmen Duft, erst beim Trocknen entsteht der typische Baldriangeruch. Die gefiederten Blätter stehen gegenseitig und sind von lanzettartiger, verschieden gezahnter Form.
Vorkommen: Europa und Asien; auf Hochstaudenfluren und Wiesen, in Gräben, an Ufern und trockenen Abhängen
Blütezeit: Mai–September
Sammelgut/Sammelzeit für Wurzel: September–Oktober

Brennnessel

Urtica dioica, auch bekannt als Große Nessel, Nessel, Hanfnessel
Die bis 150 cm hohe, ausdauernde Pflanze besitzt vierkantige Stängel mit herzförmigen, grob gesägten Blättern. Die Blätter stehen sich gegenüber und sind mit Brennhaaren versehen. Aus den Blattansätzen entspringen die kleinen, weiß bis violett gefärbten, unscheinbaren Blüten. Die Pflanze besitzt nur männliche oder weibliche Blüten.
Vorkommen: Weltweit; an Wegrändern, Schuttplätzen, Flussufern etc.
Blütezeit: Juli - August
Sammelgut/Sammelzeit für Blätter und Wurzeln: Sommer

Brombeere

Rubus fruticosus, auch bekannt als Kratzbeere
Schnell wachsender, dorniger bis zu 2 m hoch wachsender Strauch. Die Blätter sind verkehrt eiförmig mit einem stacheligen Stiel, grob gezähnt und auf der Unterseite behaart. Aus den weißen oder hellrosa gefärbten Blüten entwickeln sich die blauschwarzen Beeren.
Vorkommen: In fast ganz Europa; an Waldrändern, Lichtungen, Gebüschen
Blütezeit: Mai - Oktober
Sammelgut/Sammelzeit für Früchte: Sommer

Eibisch

Althaea officinalis, auch bekannt als Heilwurz, Samtpappel, Schleimwurzel
Die Stängel der mehrjährigen bis 1,5 m hohen, weich behaarten Pflanze stehen aufrecht. Die kurz gestielten,

dicken, graugrünen Blätter stehen wechselständig. Die unteren Blätter sind herzförmig mit bis zu fünf spitzen Lappen. Die oberen Blätter sind eiförmig zugespitzt und grob gezähnt. Die blassrosa bis weißen Blüten sitzen achselständig in den oberen Blättern. Der Kelch ist fünfteilig. Die Kronblätter sind verkehrt herzförmig, am Grund bärtig. Die dichtfilzigen Teilfrüchte sind in einem Kreis angeordnet (Fruchtknoten).
Vorkommen: Mittel- und Osteuropa, Nordasien; auf feuchten Wiesen
Blütezeit: Juni - September
Sammelgut/Sammelzeit für Wurzel: Frühjahr–Herbst, für Blätter: Juni–Juli (vor der Blüte)

Eisenkraut

Hyssopus officinalis, auch bekannt als Bienenkraut, Ispenkraut
Der aromatisch duftende Halbstrauch kann eine Höhe von 1,5 m erreichen und hat eine braune Borke. Die aufrechten Äste sind verzweigt. Die Blätter sind gegenständig, lanzettförmig, ganzrandig und beidseitig dicht mit Öldrüsen besetzt.
Die sehr kurz gestielten, blauen, selten auch roten oder weißen Blüten erscheinen in Scheinquirlen, die zu langen Scheinähren vereinigt sind.
Vorkommen: Mitteleuropa; kultiviert
Blütezeit: Juli–August
Sammelgut/Sammelzeit: blühendes Kraut

Enzian

Gentiana lutea, auch bekannt als Bergfieberwurzel, Bitterwurz, Fieberwurzel, Hochwurzel
Die bis 1,5 m hohe Pflanze hat einfache, runde, hohle und glatte Stängel. Die eiförmigen, stark längsnervigen Blätter sind gegenständig und werden bis 30 cm lang. Die gelben, gestielten Blüten finden sich gehäuft in den oberen Blattachseln. Der fünfzahnige Kelch ist glockig bis röhrenförmig. Die fast bis zum Grund in fünf bis sechs schmale Zipfel geteilte Krone, mit kurzer Röhre, ist ausgebreitet. Die Frucht ist kegelförmig und hat eine bis zu 6 cm lange Kapsel.
Vorkommen: Mittel- und Osteuropa; in den Gebirgsregionen
Blütezeit: Juli - August
Sammelgut/Sammelzeit für die Wurzel: Herbst oder Frühlingsanfang
Achtung! Die wild wachsende Pflanze ist streng geschützt und darf nicht gepflückt werden – nur im Fachhandel kaufen.

Fenchel

Foeniculum vulgare, auch bekannt als Bitterfenchel, Fenikel, Frauenfenchel, Langer Anis
Die bis 2 m hoch wachsende Pflanze hat aufrechte, gerillte und oben reich verzweigte Stängel. Die unteren Blätter sind gestielt und fiederschnittig, die oberen zugespitzt und sitzend. Die Blattscheiden sind drei bis sechs cm lang und hautrandig. Die sattgelben Blüten stehen in bis zu 15 cm breiten Dolden mit bis zu 25 ungleich langen Strahlen. Die Frucht kann bis 10 mm lang und bis 3 mm breit werden.
Vorkommen: Mittelmeergebiet; in Felsheiden, Trockenhängen
In Mitteleuropa als Kultur- und Heilpflanze kultiviert.
Blütezeit: Juli–Oktober
Sammelgut/Sammelzeit für Frucht (Samen): nach der Reife

Frauenmantel

Alchemilla vulgaris, auch bekannt als Alchemistenmantel, Marienmantel, Silberkraut, Taumantel
Die 30–50 cm hohe Staude hat 7–9 lappige, leicht gefaltete, meist behaarte Blätter. Die Pflanze hat nur kleine, unscheinbare gelbgrüne Blüten. Die Blüten verströmen einen honigähnlichen Duft.
Vorkommen: Europa und Asien; in feuchten Wiesen höherer Lagen, an Wegrändern
Blütezeit: Mai–September
Sammelgut/Sammelzeit für das Kraut: Blütezeit

Hagebutte

Rosa canina, auch bekannt als Dornapfel, Heckenrose
Mehrere Meter hoch wachsender Strauch mit gekrümmten Stacheln an Zweigen und Blättern. Die Blätter sind wechselständig, gefiedert und gezähnt. Die rosa gefärbten Blüten sind vier bis fünf cm breit. Die Frucht ist eiförmig, 1,5 cm groß und kräftig rot gefärbt.
Vorkommen: Europa; an Waldrändern, Hecken, steinigen Hängen
Blütezeit: Mai–Juni
Sammelgut/Sammelzeit für die Blüte: Juni und Juli,
Für die Frucht: Anfang Oktober

Heidelbeere

Vaccinium myrtillus, auch bekannt als Blaubeere, Mostbeere, Schwarzbeere
Der bis 50 cm hoch wachsende, buschige Strauch hat kantige stark verzweigte Stängel. Die kleinen, kurz gestielten Blätter sind eiförmig, zugespitzt und am Rand fein gesägt. Die erst grünlichen, dann rötlichen Blüten sitzen einzeln in den Blattachseln. Aus den Blüten reifen die kugeligen blauschwarzen Beeren.

Vorkommen: Europa; an Mooren, in schattigen Wäldern und Zwergstrauchheiden
Blütezeit: Mai–Juni
Sammelgut/Sammelzeit für die Blätter und Frucht: in der Blütezeit

Holunder

Sambucus nigra, auch bekannt als Deutscher Flieder, Holder, Holler, Schwarzholder
Der bis zu 7 m hoch wachsende Strauch hat eine hellgraue bis hellbraune, warzige Rinde. Die gestielten Blätter stehen gegenständig, sind eirund und unpaarig gefiedert. Die gelblichweißen Blüten stehen in flachen Trugdolden. Die Frucht ist eine kugelige, schwarzblaue Beere.
Vorkommen: Europa; an Laubwäldern, Bachufern, Hecken, Auen
Blütezeit: Juni–Juli
Sammelgut/Sammelzeit für die Blüte: Blütezeit
Für die Früchte: September

Johannisbeere

(schwarze), Ribes nigrum, auch bekannt als Ahlbeere, Bockbeere, Cassis, Gichtbeere, Wanzenbeere
Der bis 2 m hoch wachsende, wohlriechende, sommergrüne Strauch trägt gestielte, drei bis fünf lappige Blätter. Die grünlichweißen Blüten sitzen in achselständigen Trauben. Der fünfzipfelige Kelch ist glockig. Aus den Blüten bilden sich blauschwarze, kugelige Früchte (Beeren).
Vorkommen: Mittel- und Nordeuropa; an Auwäldern und Ufern
Blütezeit: April - Mai
Sammelgut/Sammelzeit für die Blätter: während der Blütezeit

Johanniskraut

Hypericum perfomatum, auch bekannt als Hartheu, Liebeskraut, Hergotts-Wundkraut, Manneskraft, Walpurgiskraut

Die ausdauernde, kahle, bis 1 m hoch wachsende, aufrechte Pflanze hat verzweigte Stängel.

Die eiförmigen Blätter sitzen gegenständig und sind mit durchsichtig wirkenden Punkten versehen. Die goldgelben Blüten haben viele, lange Staubblätter und bilden Trugdolden. Die Frucht ist eine eiförmige, bis 10 mm lange Kapsel.

Vorkommen: Europa, Westasien, Nordafrika; an Felshängen, in Trockenrasen, lichten Wäldern, Wiesen

Blütezeit: Juni–August

Sammelgut/Sammelzeit für die Blüte: Juli–August

Kamille

Matricaria chamomilla, auch bekannt als Deutsche Kamille, Feldkamille, Mutterkraut

Die bis 50 cm hoch wachsende Pflanze hat aufrechte, meist ästig verzweigte Stängel. Die Blätter stehen wechselständig und sind 2–3fach gespalten. Die Blütenköpfchen haben gelbe Scheibenblüten und weiße Randblüten. Der Fruchtboden ist kegelförmig und innen hohl.

Vorkommen: Europa; Äcker an Wegrändern, Schuttplätzen

Blütezeit: Juni–August

Sammelgut/Sammelzeit für die Blüte: Juni–Juli

Knoblauch

Allium sativum, auch bekannt als Knofel

Beschreibung: Die bis 90 cm hoch wachsende, ausdauernde, krautige Pflanze hat aufrechte, einfache, bis zur Mitte beblätterte, runde Stängel. Die graugrünen, langen Blätter sind zugespitzt, flach und gestielt. Die rotweißen, lang gestielten Blüten zeigen sich in Doldenform und tragen zahlreiche bis 1 cm große Brustzwiebeln.

Vorkommen: Nur angebaut

Blütezeit: Juni–August

Sammelgut/Sammelzeit: Knoblauchzehe

Kümmel

Carum carvi, auch bekannt als Brotkümmel, Feldkümmel, Karbensamen, Wiesenkümmel

Die bis 1 m hoch wachsende Pflanze mit möhrenförmiger Wurzel hat kantige, oft schon vom Grund an verzweigte Blätter. Die Blätter sind doppelt gefiedert, sehr schmal und quirlständig. Die kleinen weißen, auch rosa oder gelb gefärbten Blüten stehen in zusammengesetzten Dolden.

Vorkommen: Europa, Nordafrika, Nordasien; häufig auf Wiesen, Weiden, Wegrändern

Blütezeit: Mai–Juli

Sammelgut/Sammelzeit für den Samen: nach der Reife

Lavendel

Lavandula angustifolia, auch bekannt als kleiner Speik, Lavendelkraut

Die bis 60 cm hoch wachsende Pflanze ist ein stark verzweigter Halbstrauch. Die Stängel stehen aufrecht und tragen gegenständig angeordnete, schmale, längliche Blätter. Die violetten Blüten sitzen am Ende von 10–15 cm langen, behaarten Stielen in ährenartigen Scheinquirlen.
Vorkommen: Mittelmeergebiet; an trockenen, warmen Hängen
Blütezeit: Juli–August
Sammelgut/Sammelzeit für die Blüten: Juni–August

Linde

Tilia cordata, auch bekannt als Bastbaum, Linde, Silberlinde, Waldlinde, Winterlinde

Der stattliche Baum kann eine Höhe von 25 m erreichen und hat eine zunächst graue, glatte, später dunkelgraue bis schwarzliche, längsrissige Borke und eine geschlossene Krone. Die auf der Oberseite dunkelgrünen, auf der Unterseite bläulich bis graugrünen, 3–10 cm langen, leicht herzförmigen Blätter sind wechselständig. Die gelben Blüten hängen zu 4–12 in einer Doldentraube und verströmen einen angenehmen Duft. Die Frucht ist kugelig und 5–8 mm lang.
Vorkommen: Europa; in Laubwäldern
Blütezeit: Juni–Juli
Sammelgut/Sammelzeit für die Blüte: Juni–Juli

Löwenzahn

Taraxacum officinale, auch bekannt als Butterblume, Kettenblume, Kuhblume, Pusteblume

Die kahle oder schwach behaarte Pflanze kann bis 50 cm hoch wachsen und hat eine rübenartige, fleischige Wurzel. Die Wurzelblätter bilden eine Rosette, aus denen sich die glatten, hohlen Blütenstängel erheben. Beim Zerbrechen der Stängel quillt ein weißer, kautschukhaltiger Saft (Milchsaft) heraus. Die leuchtend gelben Blütenköpfe sitzen am Ende der langen, blattlosen Stängel. Die Früchte sind spindelförmig mit einem schirmförmigen Pappus, der aus behaarten Strahlen besteht (deshalb die bekannte Bezeichnung Pusteblume).
Vorkommen: Europa; auf Fettwiesen, Äckern, Schuttplätzen
Blütezeit: April–Juni
Sammelgut/Sammelzeit für Wurzel und Kraut: März–August

Melisse

Melissa officinalis, auch bekannt als Bienenkraut, Gartenmelisse, Herzkraut, Zitronenmelisse

Die ausdauernde, bis 60 cm hoch wachsende Staude hat aufrecht stehende, stark verästelte, vierkantige Stängel mit gestielten Wurzelblättern. Die oberen Blätter sind gestielt, gekreuzt gegenständig angeordnet, grob gesägt und eiförmig. Die kleinen weißlichgelben Lippenblüten sitzen als Scheinquirle in den Blattachseln der oberen Blätter. Der Kelch ist röhrenförmig und 12–15 mm lang.
Vorkommen: Die Pflanze ist kultiviert.

Blütezeit: Juni - September
Sammelgut/Sammelzeit für die Blätter: vor und während der Blüte

Pfefferminze

Mentha piperita, auch bekannt als Katzenkraut, Mutterkraut, Teeminze
Bis 1 m hoch wachsende Pflanze mit vierkantigem und im oberen Teil verzweigtem Stängel. Die schmalen, eiförmigen, gestielten Blätter sind am Rand grob gezähnt. Die violett gefärbten Blüten sind gestielt und finden sich zahlreich in den Achseln von Tragblättern und erscheinen als Scheinähren. Der Kelch ist glockig und 2 mm lang.
Vorkommen: Europa und Amerika; kultiviert
Blütezeit: Juni–August
Sammelgut, die Blätter: vor und während der Blüte

Rosmarin

Rosmarinus officinalis, auch bekannt als Kranzenkraut, Marienkraut, Weihrauchkraut
Der immergrüne Strauch kann eine Höhe von 2 m erreichen, hat reich verzweigte Äste und nadelförmige, gegenständige Blätter. Die Blätter sind auf der Oberseite von dunkelgrüner und auf der Unterseite von grauer Färbung. Die blauen Blüten sitzen quirlförmig im oberen Teil der Äste.
Vorkommen: Ursprünglich aus dem Mittelmeergebiet stammend; an trockenen Stellen und in Küstennähe.
Wird in Kulturen angebaut und ist in Gärten und Blumentöpfen bei uns zu Hause zu finden.
Blütezeit: März–Juni
Sammelgut/Sammelzeit für die Blätter: März–Mai

Tausendgüldenkraut

Centarium erythrea, auch bekannt als Bitterkraut, Fieberkraut, Magenkraut
Die bis 50 cm hoch wachsende, zweijährige, kahle Pflanze hat einfache, erst im oberen Teil verzweigte, Blüten tragende, vierkantige Stängel. Die unteren Blätter erscheinen in einer Rosette. Die Stängelblätter sind kreuzgegenständig, länglich bis lanzettenförmig, spitz sitzend. Die lebhaft rosaroten Blüten bilden Trugdolden.
Vorkommen: Europa, Nordafrika, Asien
Blütezeit: Juli–September
Sammelgut: Kraut
Achtung! Pflanze ist geschützt und darf nicht gepflückt werden. Deshalb nur im Fachhandel erwerben.

Walnuss

Juglans regia, auch bekannt als Welsche Nuss
Der bis 25 m hoch wachsende Baum hat eine graubraune, rissige Borke. Die Blätter sind wechselständig, lang gestielt und unpaarig gefiedert. Der Blattstiel wird bis 35 cm lang und ist am Grund stark angeschwollen. Die Bäume tragen männliche und weibliche Blüten gesondert. Die männlichen Blüten hängen in grünen, bis 15 cm langen Kätzchen und die unscheinbaren weiblichen Blüten sitzen in 1–5 blütigen, endständigen Blütenständen. Die Frucht ist eine kugelige grüne Steinfrucht mit lederiger Schale und einem runzeligen Steinkern.
Vorkommen: Ursprünglich aus China, Zentralasien – In Europa: angebaut
Blütezeit: März–April
Sammelgut/Sammelzeit für die Blätter: Juni

Register

Bildnachweise

Fotolia:
Seite 10 © emer, 12 © Nadia Ivanova,
13 © sonne fleckl, 14 © Jaroslaw Grudzinski,
15 © marilyn barbone, 16 © TwilightArtPictures, 18 © emmi, 35 © Alex Bramwell,
63 © gudrun, 83 © silencefoto, 101 © hazel
proudlove, 116-117 © bit.it

Aleko-Fotodesign:
Seite 109

Alle anderen Abbildungen aus dem
Dover-Archiv

Ebenfalls im Regionalia Verlag erschienen:

Über die Jahrhunderte hat sich in den Klöstern eine eigene Kochkultur entwickelt. Diese exklusive Zusammenstellung enthält über 70 Rezepte, darunter vieles aus der Kräuterküche, beste Teigwaren und himmlischen Fleischgerichte.

Das Kloster Kochbuch
ISBN 978-3-939722-30-4
128 Seiten • 16,5 × 19,8 cm • Hardcover • 6,95 €

Eines war im Mittelalter gar nicht finster: das Essen. Armer Ritter, Wildschweinbraten, Honigkuchen ... Diese und viele andere Rezepte finden Sie in dieser einmaligen Zusammenstellung.

Allerley Schlemmerey
Kochen wie im Mittelalter
ISBN 978-3-939722-18-2
128 Seiten • 16,5 × 19,8 cm • Hardcover • 6,95 €